国际学生公共汉语课程核心教材

通用学术汉语

思辨与表达

（下）

主　编　施　虹

副主编　陈　敏

赵银姬

郭婵丽

林　加

北京语言大学出版社

BEIJING LANGUAGE AND CULTURE UNIVERSITY PRESS

图书在版编目（CIP）数据

通用学术汉语 ：思辨与表达. 下 / 施虹主编 ；陈敏等副主编. -- 北京 ：北京语言大学出版社，2025. 5.
ISBN 978-7-5619-6621-1

Ⅰ. H1

中国国家版本馆CIP 数据核字第2024S8Q523号

通用学术汉语：思辨与表达（下）

TONGYONG XUESHU HANYU: SIBIAN YU BIAODA (XIA)

排版制作：北京创艺涵文化发展有限公司
责任印制：周 燚

出版发行：北京语言大学出版社
社 址：北京市海淀区学院路15号，100083
网 址：www.blcup.com
电子信箱：service@blcup.com
电 话：编 辑 部 010-8230 1019
发 行 部 010-8230 3650/3591/3648
北语书店 010-8230 3653
网购咨询 010-8230 3908
印 刷：河北赛文印刷有限公司

版 次：2025年5月第1版 印 次：2025年5月第1次印刷
开 本：889毫米 × 1194毫米 1/16 印 张：17.75
字 数：253千字
定 价：88.00元

PRINTED IN CHINA
凡有印装质量问题，本社负责调换。售后 QQ 号 1367565611，电话 010-82303590

前言

近年来，随着汉语国际影响力不断提升，汉语学习需求不断扩大，来华攻读学位的国际学生数量逐年增加。新时代背景下，围绕服务国家外交大局和高校“双一流”建设目标，以培养具有全球视野和一流专业素养的知华、友华国际人才为总目标，同时为满足高校国际学历生教育需求，国际学历生的公共汉语教学面临新的挑战。

教材编写团队自 2018 年开始针对国际学历生汉语教学进行了一系列改革，以“汉语能力和学科素养培养并重”的教学理念为指导，在提高国际学历生汉语水平的同时，将语言学习与提升学科素养、提高跨文化交际能力、加强国情教育等结合起来，这是高校国际学历生汉语课程改革和教材建设的重要方向。团队经过六年探索和实践，新编的《通用学术汉语：思辨与表达》体现出“五个特性”：汉语知识和学科基础知识的通用性，各优势学科专业知识的交互性，跨文化学术活动中交流与表达的思辨性，完成专业学习研究任务、参与学术竞争能力的高阶性，正面理解当代中国国情的教育性。

针对这“五个特性”，本教材在编写时注重培养学生的“五种能力”：学术汉语的综合运用能力、专业学习研究中的思辨与表达能力、跨学科及跨文化理解能力、专业学习研究的综合竞争能力、对当代中国国情的理解能力。教材的“五个特性”和对学生“五种能力”的培养，使教学逐步实现从通用汉语到通用学术汉语的范式转换。

在教材编排时，各单元内容在遵循语言教学规则的基础上凸显学科主题。从计算机科学、食品科学、环境科学、航空航天、生物医学、材料科学、心理学、传播学等学科中甄选主题，与时俱进；将下定义、分类、提问、解释、归纳、论证、质疑、评价等思维训练和汉语表达方式，与各学科基础知识的学习相融合，推动学生在沉浸式的专业学习中进行思维与表达训练。本教材还突出多媒介、多形态、多用途及多层次等特点，指导学生使用汉语进行基础性专业学养训练，培养并提高国际学生的思辨能力与表达能力，为其进行专业学习和研究打下必要的语言基础和学养基础。这一编写思路和教学实践，在国内同类教材中属大胆尝试，在一定程度上填补了国际中文教育领域相关教材的空白。

近几年来，国际中文教育领域不少专家已经开始关注到专门用途汉语的教学和教材问题，也有不少优秀的教材出版。这些成果更加激励编写团队勇于挑战和创新，致力于编写出针对性强且内容新颖、呈现形式多样化的教材。不过编写时因水平和资料的限制，仍旧会有考虑不周之处，还请专家和广大师生不吝指正，我们会不断改进，使其日臻完善。我们也相信，随着国际中文教育事业的蓬勃发展，未来会有更多相关优秀教材问世。

在此特别感谢教育部中外语言交流合作中心、中国高等教育学会和北京语言大学出版社的帮助和支持，感谢浙江大学国际教育学院的资助。同时，也感谢翁淑喆、蔡和畅、方洁瑜等研究生团队为教材编写所做的辅助工作。

1. 适用对象

据2020年来华国际学生人数统计，全国600多所高校已有近20万国际学历生。浙江大学2024年国际学历生在校人数已超过4000，分布在全校20多个学院近百个专业。教育部《学校招收和培养国际学生管理办法》明确规定："汉语和中国概况应当作为高等学历教育的必修课。"汉语课程的重要性不言而喻。

本教材的适用对象主要有四类：1. 进入中国高校和职业院校攻读本科学位的国际学生；2. 进入中国高校和职业院校攻读硕博学位的国际学生；3. 即将进入中国高校和职业院校攻读学位的预科生；4. 希望提高专业学术素养和学术汉语表达能力的汉语学习者。

2. 定位

本教材在能力目标上，培养学习者通用学术汉语听说读写的能力、运用线上资源进行自主式学习的能力、团队合作与协作式学习的能力，以及探究式学习与批判性思维的能力；在知识目标上，希望学习者熟记通用学术汉语的核心词汇和表达句式、掌握通用学术汉语的核心技能、掌握典型学术场景中的汉语表达方式，并了解运用汉语进行学术写作的基本规范；在素质目标上，把学习者培养成具有学术汉语交流与写作能力的研究型人才、具备数字信息素养的自主学习者，以及知华、友华的国际型人才。

3. 编写理念与特色

通用学术汉语课程的目标是培养、训练国际学历生的思辨能力与汉语表达能力，提高国际学历生的汉语水平和专业学养。为了达到此目标，教材编写力图做到"纸质教材、在线课程、课堂教学"的同步设计、整体研发，形成以纸质教材为核心、数字资源为配合的新形态教材。数字资源主要借助2021年教材编写团队在中国大学MOOC（慕课）和智慧树平台上线的配套慕课《通用学术汉语：思辨与表达》，并基于北京语言大学出版社的数字化平台，嵌入慕课、微课、视频、音频、作业、测试、拓展资源、主题讨论等，将教材、课堂、教学资源三者融合，实现线上线下混合式教学的教材出版新模态，力求做到"慕课微课数字化，线上线下混合式，自学导学探索式，练习测试题库化"。

教材运用语言学领域新近的研究成果，以任务型教学为主导，根据课程内容与教学需求进行整体设计，致力于以学为本的课程体系建构，合理安排在线课程与课堂教学资源，形成与在线课程交叉互补、相互配合又能独立运用的新形态一体化教学体系。调研高校热门专业并搜集优势专业相关资源，选择新颖、内容丰富、操练性强的材料作为课文，将学生所需的汉语技能合理分解成听说读写的技能小点，遵循学术技能由易到难的顺序，多层次展开并引导学生理解运用，同时在课文之后巧妙设计切合每课语言技能与学术素养训练目标的练习与作业，引导学习者进行扩展性、探究性学习。

4. 编写原则

（1）教材内容涵盖面广。 汉语教材编写和评估公认的四大原则是实用性、知识性、趣味性和科学性。专门用途汉语教材的编写，涉及认知结构、语篇结构、人际关系、文化等因素，又包含极富系统性的各项子系统。所以本教材在编写时，既注重学习者思辨能力的培养，又致力于提升他们的语言技能，还要关注教材内容的趣味性和实用性。我们选取的课文题材涵盖计算机科学、食品科学、环境科学、航空航天、生物医学、材料科学、心理学、传播学等多个基础、交叉、新兴的强势学科，可以覆盖综合类高校的大多数学科门类，选择的内容除了考虑到知识性、科学性要素外，也充分兼顾实用性和趣味性。

（2）注重启发，突出培养学习者的思辨能力。 教材编写的系统性除了体现在教材内容的建构之外，还体现在学习者专业学习的学能培养上。教材选取下定义、分类、提问、解释、归纳、论证、质疑、评价、举例、比较、概括、推理、报告等十多项学术技能，尽快培养学习者进入专业学习的能力，并达到自主和独立学习的程度。因此本教材既体现语言类教材的交际性，也体现专业学习的规范性和严谨性。

（3）学科的基础性与实效性相结合。 当代社会的科技发展日新月异，技术更新换代的速度惊人，教材内容要与时俱进。因此，现代科学的一些新理念、新思想、新探索等都适当编入教材，像人工智能、航天科技、基因技术、无人驾驶等。选材内容既涉及基础学科，又涉及交叉学科，做到基础研究与前沿研究的覆盖。

5. 编排体例

《通用学术汉语：思辨与表达》为上下两册的综合类教材，每单元教授的学术技能为所有专业学生通用。

（1）体例

A. 每册为 7 个单元 + 3 个学术场景单元 + 3 个专项写作拓展练习单元。

B. 每个单元有 4 ～ 5 篇课文，围绕学术技能从听说读写四个语言技能维度展开学练。

C. 每篇课文后有相关练习：词语练习题、课文信息匹配题、理解简答题、学术技能拓展题、技能情境表达训练、相关学术技能写作等。

（2）课时安排

本教材为国际学历生汉语必修课教材，上下册可供两个学期使用，每个学期 48 ～ 64 课时，每周 3 ～ 4 课时，也可根据开设课程的学期和授课进度进行调整。本教材为新形态教材，线上配套资源比较丰富，建议采用线上线下混合式教学模式，可以充分利用北京语言大学出版社数字化平台上所提供的课程配套慕课、微课、课件、教学案例等资源。

（3）课程评价

本教材采用“通用学术汉语”新理念编写，强调通用学术汉语能力对各学科知识掌握的重要作用，更重视学术场景中的跨文化交流与表达。因此建议根据学生群体的特点，采用过程性评价和终结性评价相结合的方式对学习者的学习效果进行评价。

A. 过程性评价（占比 50%）：包括线上资源学习、参与各类教学活动和课题讨论、个人和小组口头报告及书面表达。

B. 终结性评价（占比 50%）：闭卷考试或者采用课程小论文等形式。

目录

第四单元 04

人见人爱的年画 113

第五单元 05

跨越“数字鸿沟” 147

第六单元 06

中国动漫的希望 185

第一单元

左手咖啡，右手茶

从来佳茗似佳人。

——苏轼

Fine tea is always like a beautiful lady.

—Su Shi

学习目标

学术技能：比较

- 了解比较的作用和目的。
- 掌握进行比较的基本途径。
- 综合运用比较的表达形式。

语言技能

- **听：** 联系相关话题，寻找比较项，明晰比较途径。
- **说：** 利用比较发现异同，对相关信息进行比较性分析。
- **读：** 总结文章比较分析的结果，利用比较发现事物之间的内在联系。
- **写：** 掌握比较思路和比较结果的一般写作方法。

热身

当谈论“饮食”这个话题时，你最先想到的是什么？在展开“中西方饮食文化比较”这个话题之前，我们先聊一聊：

1. 你知道的中式早餐有哪些？你认为它和西式早餐有哪些不同？为什么？

2. 不同国家和地区所使用的主要餐具有所不同，如果只能选择某一件餐具，你会使用什么呢？为什么？

课文一 吃醋有益健康

生词表 01-01-01

1. 醋	cù	vinegar
2. 酿造	niàngzào	brew
3. 事务	shìwù	affairs; work
4. 宴请	yànqǐng	entertain; fete
5. 消毒	xiāodú	disinfect
6. 流感	liúgǎn	flu
7. 百科全书	bǎikē quánshū	encyclopedia
8. 不可或缺	bùkě-huòquē	indispensible
9. 范畴	fànchóu	domain; category
10. 嫉妒	jídù	be jealous of
11. 讽刺	fěngcì	satirize
12. 一知半解	yīzhī-bànjiě	have a smattering of knowledge
13. 卖弄	màinong	show off
14. 植根（于）	zhígēn (yú)	take root in

专有名词

1. 周朝	Zhōu Cháo	Zhou Dynasty
2. 春秋	Chūnqiū	Spring and Autumn Period
3. 山西	Shānxī	Shanxi Province of China
4. 太原	Tàiyuán	capital of Shanxi Province, China
5. 南北朝	Nán-Běi Cháo	Northern and Southern Dynasties
6. 唐宋	Táng Sòng	Tang and Song Dynasties
7. 明代	Míng Dài	Ming Dynasty
8.《本草纲目》	《Běncǎo Gāngmù》	*Compendium of Materia Medica*

词语练习：选择合适的词语完成句子

不可或缺　嫉妒　讽刺　一知半解　卖弄　植根（于）

1. 看到朋友成功，我只会为他感到高兴，而不会感到________。
2. 当时年纪小，对父母说的这些道理，我总是似懂非懂，________。
3. 在喜欢的女孩子面前，他为了表现自己，________了几句新学的诗句。
4. 他来公司没几年，却已经成为公司________的人才。
5. 对一个作家来说，只有________生活，才能创作出优秀的作品。
6. ________是一种文学表现手法，作者常常用生动、幽默，甚至夸张的笔法，揭露社会生活中的某些真实情况。

学习提示： 01-01-02

中国是醋的故乡，醋是中国传统调味品之一。关于“醋”，我们可以展开哪些话题呢？我们将听到一段跟“醋”有关的短文，请注意细节信息。

理解与练习

一、听第一遍录音，选择正确答案

1. 据文献记载，（　　）时期就设有专门人员管理和醋有关的事务。
   A. 周朝　B. 春秋　C. 南北朝　D. 唐宋
2. 南北朝时期，用醋调味，被视为（　　）的一个标准。
   A. 朋友聚会　B. 高档宴请　C. 家庭富裕　D. 节日庆典
3. （　　）时期，制醋业有了较大发展，醋进入普通百姓家。
   A. 春秋　B. 南北朝　C. 唐宋　D. 明代
4. 人们用“吃醋”“醋意”等形容男女感情之间的（　　）。
   A. 喜悦心情　B. 奇怪心理　C. 嫉妒心理　D. 寂寞心理

二、听第二遍录音，判断下列信息是否正确

1. 中国用谷物酿造醋的历史，不到3000年。（　　）
2. 在中国古代，人们一般在春秋两个季节酿造醋。（　　）
3. 醋的药用方法，不仅中国古代有记载，现代也仍然在使用。（　　）
4. 汉语里用“半瓶醋”，讽刺那些知识丰富并且喜欢卖弄的人。（　　）

交流与实践

三、小组活动

向小组成员介绍另一种你熟悉的调味品，并将它和中国的醋做简要对比。可以参考课文中关于醋的内容，从以下几方面展开。

序号	比较项目	醋	另一种调味品	比较分析后的结论和认识
1	发展历史			
2	主要用途			
3	在语言中的反映			
4	在文化中的地位			

四、拓展实践

你还知道哪些有关饮食活动的词语或俗语？可参照以下信息和思路，组织并整理内容。

1. 以某一个词为线索，整理出一组意义相关的词语（俗语）。
2. 结合这一组词语（俗语），说说饮食活动及饮食观念在语言和生活中的反映。
3. 发现这一组词语（俗语）在不同地区或不同语言中的共同点或差异。

线上小课堂 01-01-01

学习慕课《通用学术汉语·比较分析》，了解“比较”的有关知识。

比较是进行思辨分析的必要手段

比较，作为一种有效的思维方式和表达手段，在我们的学习和研究中很常用。

比较，通常是基于某一共同性状对同类事物或非同类事物进行的，也就是说，有某种共性的两个或一组事物，构成比较的对象。比较，可以是探究同类事物之间的差异，也可以是发现非同类事物间的共同点。因此，比较既是辨异，也是求同。

通过比较，我们可以分析对象之间的同中之异、相区别又有联系的特点，这有助于加深对事物的认识，发现其本质特征、共同规律。因此，比较是进行思辨分析的必要手段。

进行比较分析的第一步，是确立比较的对象，可以是不同对象之间的横向比较，也可以是针对同一对象的纵向比较。例如：选择某个角度或多个角度，对同一范畴或同一类型的对象 A、B、C 等进行比较分析，这是横向比较；而对对象 A 在不同时间段的特点进行比较分析，则是纵向比较。

课文二 锅文化和盘文化

生词表 01-02-01

1. 锅	guō	pot; pan
2. 炒	chǎo	fry
3. 阔	kuò	wide
4. 烹调	pēngtiáo	cook
5. 象征	xiàngzhēng	symbolize
6. 煎	jiān	fry in shallow oil
7. 丝	sī	threadlike thing
8. 颠	diān	flip; toss
9. 俱	jù	all; both
10. 菜肴	càiyáo	cooked dish
11. 合而为一	hé'érwéiyī	combine into one
12. 天人合一	tiānrén-héyī	harmony between man and nature
13. 哲学	zhéxué	philosophy
14. 享	xiǎng	enjoy
15. 天伦之乐	tiānlúnzhīlè	happiness of family reunion
16. 上色	shàngshǎi	color (a picture, map, etc.)
17. 意识	yìshi	consciousness
18. 能动性	néngdòngxìng	agency; activeness
19. 诸多	zhuduō	many; a lot of

词语练习：选择合适的词语完成句子

烹调　象征　俱　合而为一　天伦之乐　意识　能动性　诸多

1. 玫瑰的花语是“真诚的爱”，人们常常用玫瑰花________爱情。

2. 妈妈是了不起的厨师，能把简单的材料________成健康的美食。

3. 简单来说，________是指大脑对客观世界的反映，而现代心理学则一般认为它是人对外界和自身的察觉和关注。

4. 她从艺十几年，勤学苦练，唱、念、做、打________佳，是公认的京剧名角。

5. 年夜饭对中国人来说，是庆祝新年的聚会，更是享受________的团圆宴。
6. 记得我第一次独自出门旅行，遇到了________困难，但也得到了满满的收获。
7. 人类在改造世界的过程中，充分发挥主观________和创造性。
8. 天色越来越暗，远处的大海似乎融入了天空，海与天________。

学习提示： 01-02-02

从烹调用具的角度来看，中西方饮食文化的差异体现在哪里呢？

在中国饮食文化中，炒锅连着千家万户。口阔、底圆的炒锅几乎可以作为中国烹调艺术的象征，而西餐主要使用平底的煎盘或煎锅。烹调用具的不同，反映出不同的饮食文化。

在中餐的制作中，虽有整羊、整鸡或整鱼等，但食材是以丝、片、块、条等形状为主。在圆底锅中上下颠炒后，这些个体按照烹调师的构想进行组合，出锅装盘时成为一个色、香、味、形俱佳的整体。因此，中餐菜肴的制作，是从“个体”到“整体”的转变，体现的是“合而为一”“天人合一”的哲学思想。

中国传统哲学中“合”的思想，不仅体现在食品的加工上，还表现在“锅文化”的饮食享用中，形成“群享”方式。传统的家庭宴席，与其说是一顿丰盛的美餐，不如说是一项充满天伦之乐的活动。大家围坐在一起，欢声笑语。美酒和菜肴不过是引发欢乐氛围的媒介。

西餐的食材之所以被加工成诸如鸡排、牛排或肉饼等片状或扁圆的样子，主要是为了便于在平底煎盘中进行上下两面的加热和上色。食材在加工时是独立的，在烹调时也是独立的。出锅后摆在盘中，虽与其他食材组合，但仍然是独立的。这一特征，突出了西方“盘文化”中“自我形象”“自我实现”等“独”的意识。

西方的“独”意识，强调个人的能动性、个性的独立，重视个人的行动自由和利益。西餐采用分餐形式，亲友相聚，流行吃自助餐。西方饮食文化中的“独享”思想，还表现为平常就餐后人们习惯于各自付款。

“合”与“独”以其特定的形式和丰富的内容在诸多方面影响着“锅”与“盘”的文化特色。

选自《中国“锅文化”与西方“盘文化”》，作者：马新。有删改。

理解与练习

一、根据所给关键词语和句式复述课文

1. 在中餐的制作中　虽有　是以……为主　按照……的构想　俱佳

2. 传统的家庭宴席　与其……不如……　天伦之乐　不过　媒介

3. 西餐的食材　之所以……主要是为了……　便于　独立　仍然

二、根据课文，回答问题

1. 中西方主要的烹调用具分别有哪些特点？它们之间的差别主要是由哪些原因造成的？

____

____

____

2. 用“下定义”的方法，分别简要说明你对“锅文化”和“盘文化”的理解。

“锅文化”：______________________________

“盘文化”：______________________________

交流与实践

三、小组活动

根据课文，结合所知道的知识及所搜集的信息，和小组成员一起完成下面的表格。

类别	主要用具	食材加工形式	就餐形式	你认为还有哪些差异性表现？	产生这些差异的主要原因或深层原因是什么？
锅文化					
盘文化					

四、拓展实践

关于“火锅”，你有哪些体验？了解哪些信息？

与小组成员一起，以“火锅”为话题，结合比较的方法，对有关内容进行充分的思考和讨论。可参照以下信息和思路，组织并整理内容。

1. 火锅的主要类型和主要特点。

——建议：不同时期或不同地域的火锅样式相比较。

2. 中国火锅这么“火”的主要原因。

——建议：火锅与其他餐饮形式相比较。

3. 火锅的工业化生产。

——建议：传统火锅食材和现代火锅食材相比较。

中式火锅

泰式火锅

日式火锅

瑞士火锅

课文三 餐桌礼仪

生词表 01-03-01

1. 提倡	tíchàng	advocate
2. 风尚	fēngshàng	fashion; prevailing custom
3. 礼俗	lǐsú	etiquette and custom
4. 优先	yōuxiān	have priority
5. 尊重	zūnzhòng	respect
6. 中世纪	zhōngshìjì	Middle Ages
7. 置于	zhì yú	place sb./sth. in
8. 约束	yuēshù	restrict; restrain
9. 就座	jiùzuò	take one’s seat
10. 上座	shàngzuò	seat of honor
11. 末座	mòzuò	the least prominent seat
12. 端	duān	end
13. 间隔	jiàngé	separate
14. 夹	jiā	press from both sides
15. 敬酒	jìngjiǔ	toast; propose a toast
16. 应有之义	yīngyǒuzhīyì	the meaning that it should have

专有名词

1. 儒家	Rújiā	Confucian school
2. 文艺复兴	Wényì Fùxīng	Renaissance

词语练习：选择合适的词语完成句子

提倡　风尚　优先　置于　约束　就座　间隔　应有之义

1. 女士们、先生们，今天的晚会即将开始，请各位________。
2. 当热爱知识、尊重科学成为一种社会________，人类将进入文明发展的新阶段。
3. 即使经济繁荣、财富累积，我们仍然要________节约，反对浪费。

4. 有的孩子在自己的要求得不到满足时，会扔东西、发脾气、又哭又闹，这时候父母应该采取哪些适当的措施来________孩子的行为？

5. 这条公交线路每天从早上 6 点开始运营，到晚上 11 点结束，早晚高峰时间每 5 分钟一班车，非高峰时间行车________为 10 分钟。

6. 他不顾大家的劝阻，独自一人走进森林，将自己________危险之中。

7. 依照合同规定，在我租住这套房子期间，如果房东出卖这套房子，我作为承租人，享有________购买这套房子的权利。

8. 无论在哪个时代、哪个地区，人与人交往中的“诚信”都是________。

学习提示：

01-03-02

假如你要参加一场传统的中式宴会，你是否了解必要的中国餐桌礼仪？中西方的饮食文化在餐桌上分别有哪些具体表现？

儒家文化提倡以礼治国、以礼治家。同时，由于中国长期以农业为主，注重实践经验的积累，所以很早就形成了尊老的社会风尚。因此，中国社交礼俗最主要的特点是讲究长幼有序，以长者为先。

在独特的文化传统、社会风尚、道德心理等因素的影响下，西方国家社交礼俗的最主要特点是总把女士放在优先考虑的位置，尊重妇女。法国人塞尔曾指出，中世纪和文艺复兴的连续影响把妇女置于社交生活的中心地位，使妇女成为受尊重的对象，这是其他文明所没有的。

社交礼俗约束着人们在交往过程中的行为举止，例如在饮食活动中，如何就座、如何用餐等都有一定的标准和要求。在中国宴席上，长者被安排在上座；面对大门的座位为上座，背对大门的为末座；两个座位并排时，一般以右为上座。长者先拿起筷子，表示开始用餐，其余人再动筷子。

在西方的宴会上讲究“女士优先”。当女主人和其他女士都坐下之后，男士们再就座，才是礼貌的做法。男女主人分别坐在长桌的两端，或者在长桌中间的位置相对而坐，男宾和女宾间隔交错而坐。用餐时，常以女主人为“带路人”。女主人打开餐巾，暗示开始用餐；如果女主人把餐巾折起放在桌上，则表示进餐结束，可以退席了。用餐过程中，无论是否熟识，男士都有义务主动照顾坐在邻座的女士，如递上调味瓶，和她们交谈等，但很少给她们夹菜。

中国餐桌的气氛通常比较热烈，大家互相敬酒，特别是主人常常要帮客人夹菜，这样才能突出主人的热情好客。中国人认为餐桌上热闹才能表达主宾内心快乐，热闹是聚餐的应有之义。西方的餐桌上则要安静得多，人们在就餐时，主要和左右两边的客人轻声交流，避免高声谈笑。中西饮食文化的差异，大约也正在这“闹”与“静”之间。

选自《中西饮食文化比较》，作者：杜莉。有删改。

理解与练习

一、根据课文，选择与下列句子意义相符的选项

1. 讲究长幼有序，以长者为先。
   A. 讲究给年长的人、年幼的人排顺序，让年长的人做先生
   B. 讲究长辈和幼儿的顺序，让个子高的人做先生
   C. 讲究按照年龄的大小安排顺序，年长的人总是被安排在前面
2. 长者先拿起筷子，表示开始用餐，其余人再动筷子。
   A. 个子高的人先拿起筷子，说开始用餐，然后别的人才可以使用筷子
   B. 年纪大的人拿起了筷子，意思是开始用餐了，别的人才拿起筷子，也开始用餐
   C. 长者先拿起筷子，告诉大家开始用餐，剩下的人才可以拿起自己的筷子
3. 热闹是聚餐的应有之义。
   A. 聚餐的时候就应该是热闹的
   B. “热闹”这个词，应该有聚餐的意思
   C. 为了热闹，聚餐是应该的

二、根据课文，回答问题

1. 中餐的座位安排有哪些讲究？

____

____

2. 中西餐在座位安排上的不同，主要说明了什么？

____

____

3. 课文对中西餐的“闹”和“静”做了怎样的解释？你的看法是什么？

____

____

交流与实践

三、小组活动

阅读下面这段话，结合课文和实例，思考下面的问题。

一些经常光顾中国餐馆的人或许会感到惊奇：怎么会有百种以上的菜肴列于菜单之上，而且通常在你叫菜之后几分钟内就可以将成品呈上桌面。秘密就在于许多菜都有标准的搭配：蘑菇竹笋炒肉、蘑菇豆芽炒肉、蘑菇竹笋炒鸡丁、蘑菇豆芽炒鸡丁、蘑菇竹笋烧鸡块，如此等等。

选自《万物：中国艺术中的模件化和规模化生产》(第 3 版)，
作者：雷德侯，张总等译。

1. 对照一份真实的中餐馆或西餐馆的菜单，说说它主要有哪些内容或特点。

____

____

____

2. 从菜单的安排和设计上看，你认为中餐馆和西餐馆的菜单有哪些不同？

____

____

____

3. 你认为上面的这段话主要是为了表达什么观点？你是否同意这一观点？为什么？

____

____

____

四、拓展实践

在人类饮食发展历史中，分餐与合餐两种形式曾在中西方交替出现。用餐形式的变化，正反映了饮食条件、饮食观念等的变化。

和小组成员一起，借助文献检索等资料搜集方式，了解中西方分餐制、合餐制的历史变迁。参照下面的信息，完成相应的比较与分析，尝试得出合理的结论。

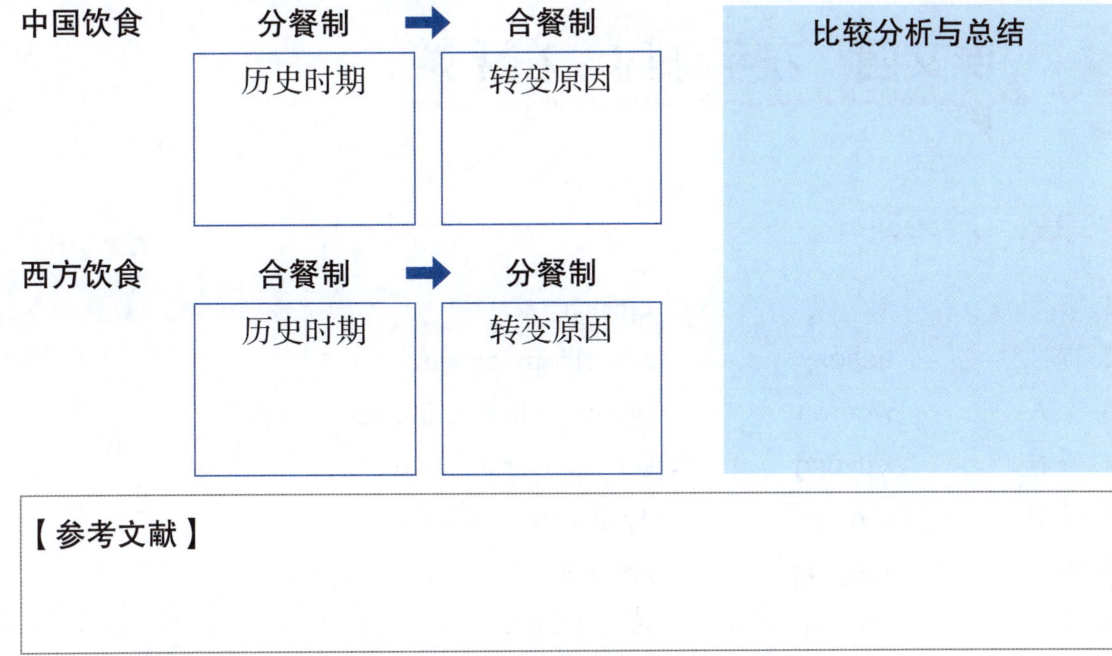

【参考文献】

线上小课堂 01-03-01

学习慕课《通用学术汉语 · 比较分析》，了解比较的常见表达形式。

比较的常见表达形式

明确比较对象之后，实施比较分析的重要一步，就是确定比较的角度（方面），即比较项。这实际上也是一个将比较对象进行分解、归类的思维过程。确定一组比较对象（例如 A、B、C）之间，能够形成对照、具有比较意义的是哪几方面，也就得出了有价值的比较项。

而通过比较分析，发现差异或共性，往往仍处在比较的进行过程中，而不是比较的结束。在比较的基础上，得出合理的结论，或者探求比较对象间存在差异或共性的深层原因，往往是我们更需要做的。

将比较的思考过程和结果用汉语表达出来，一般可以使用这样一些词语和句式：

A 和 B 的主要差别，表现在以下几个方面：……，……，……

A 和 B 之所以有这样的差异，主要是因为 / 源于……

在……（这一点）上，A 和 B 基本相同 / 表现出一致性或共性。

由于……，A 和 B 在……（方面）具有一定的相似性 / 基本相同。

课文四　左手咖啡，右手茶

生词表　01–04–01

1. 解	jiě	quench
2. 提神	tíshén	refresh; invigorate
3. 文人	wénrén	person of letters; literati
4. 修养	xiūyǎng	self-cultivation; culture
5. 茶道	chádào	Teaism; tea ceremony
6. 缩影	suōyǐng	epitome
7. 休闲	xiūxián	be at leisure
8. 闻名	wénmíng	famous
9. 灵感	línggǎn	inspiration
10. 浓厚	nónghòu	strong
11. 前卫	qiánwèi	avant-garde
12. 憩	qì	have a rest

专有名词

1. 战国	Zhànguó	Warring States Period
2. 明清	Míng Qīng	Ming and Qing Dynasties
3. 老舍	Lǎo Shě	Lao She (1899–1966), a famous Chinese writer
4. 埃塞俄比亚	Āisài'ébǐyà	Ethiopia
5. 伏尔泰	Fú'ěrtài	Voltaire (1694–1778), a famous French writer
6. 巴尔扎克	Bā'ěrzhākè	Honoré de Balzac (1799–1850), a famous French writer
7. 巴赫	Bāhè	Johann Sebastian Bach (1685–1750), a famous German classical composer
8. 贝多芬	Bèiduōfēn	Ludwig van Beethoven (1770–1827), a famous German classical composer
9. 爱因斯坦	Àiyīnsītǎn	Albert Einstein (1879–1955), one of the greatest scientists of the 20th century
10. 君士坦丁堡	Jūnshìtǎndīngbǎo	Constantinople
11. 巴黎	Bālí	Paris
12. 法国大革命	Fǎguó Dà Gémìng	French Revolution (1789–1799)
13. 塞纳河	Sàinà Hé	Seine River

练习：选择合适的词语完成句子

解　提神　缩影　闻名　灵感　浓厚　前卫　憩

1. 据说，饮酒过量的人喝上几口醋，有助于 ________ 酒。

2. 这里是 ________ 世界的旅游胜地，来到这里的游客可以一边欣赏自然景观，一边感受这里的人文历史。

3. 我爱看舞台剧，一场场精彩的演出，就是我们每个人的生活 ________。

4. 每逢中国农历新年，大街小巷、家家户户挂上火红的灯笼，贴上喜气洋洋的对联，充满 ________ 的节日气氛。

5. 他总是说喝咖啡可以帮他 ________，结果工作到越来越晚，咖啡喝得越来越多，他的脸色也越来越难看。

6. 青年们喜欢的那些大胆、夸张、________ 的服饰，在长辈们看来往往就是奇装异服。

7. 家乡的山水和生活给他的小说创作提供了丰富的素材和 ________，也使得他的作品充满了浓郁的乡土气息。

8. 办公楼的下面有一个小花园，是我们工作疲劳时去走一走、坐一坐，小 ________ 片刻的好去处。

学习提示：

01-04-02

茶、咖啡和可可，是世界三大饮品。悠久的茶文化和独特的咖啡文化互相辉映，构成了现代人丰富的饮品世界。

茶，起源于中国，是中国人最爱的饮品。

最晚在春秋战国时期，人们已经开始将茶作为饮料。唐宋时期，中国的茶业和茶文化得到了极大的发展。明清时期，茶叶大量传到西方国家，成为中国与西方贸易的主要商品之一。

茶，一方面是普通百姓的大众化饮品，重在实用，解渴、提神；另一方面，古代文人把茶与自我修养、文化艺术联系在一起，由此形成了中国的茶道。

有人说，要了解中国茶文化、了解中国人，最好去茶馆坐坐。中国茶馆可谓社会生活和历史的缩影，是居民休闲、交际的重要场所。著名作家老舍先生就经常出入其间，体会茶客的哀乐、茶馆的兴衰，写下了闻名于世的话剧《茶馆》。

咖啡据说起源于埃塞俄比亚高原，牧羊人发现咖啡的故事，是关于咖啡的最古老的传说。咖啡最初作为饮品，也主要是用于提神醒脑。香浓的咖啡不仅能消除疲劳，而且被认为是创作灵感的来源。在长长的咖啡爱好者名单上，有伏尔泰、巴尔扎克、巴赫、贝多芬、爱因斯坦……甚至有人表示："如果还有一小时生命，我愿意用来换取一杯咖啡。"

公元15世纪，世界上第一家咖啡馆在君士坦丁堡诞生，并逐渐成为人们聚会、交流的场所，咖啡馆的这一功能保持至今，这与中国的茶馆基本相同。不过，西方咖啡馆表现出更浓厚的政治色彩和文学色彩。例如，在18世纪的"政治咖啡馆"时代，法国巴黎的福耶咖啡馆是当时法国大革命的出发点和指挥所。19世纪以后，进入"文化咖啡馆"时代，巴黎塞纳河右岸的咖啡馆是著名文学家的聚集地，而左岸的咖啡馆则被视作前卫思想的发源地。

茶的种类丰富，咖啡也有不同的分类。法国人曾经形容最理想的咖啡，"应该黑得像魔鬼，烫得像地狱，纯洁得像天使，甜蜜得像爱情"，这可能表达了大多数西方人的心声。

朋友小聚或工作小憩，是喝茶，还是喝咖啡？

难舍其一，那就各来一杯吧。

选自《中西饮食文化比较》，作者：杜莉。有删改。

理解与练习

一、模仿下列语句中的表达形式，说一个完整的句子，不限话题

1. 中国茶馆可谓社会生活和历史的缩影，是居民休闲、交际的重要场所。

……可谓……的缩影，是……

2. 香浓的咖啡不仅能消除疲劳，而且被认为是创作灵感的来源。

……不仅……，而且被认为是……

3. 法国人曾经形容最理想的咖啡，"应该黑得像魔鬼，烫得像地狱，纯洁得像天使，甜蜜得像爱情"。

……形容……，……得像……，……得像……，……

二、根据课文，判断下列信息是否正确

1. 中国人将茶作为饮料的时间，不晚于春秋战国时期。(　　)
2. 中国居民的休闲、交际活动，都是在茶馆进行的。(　　)
3. 西方咖啡馆和中国茶馆的功能一直是一致的。(　　)
4. 巴黎塞纳河两岸的咖啡馆是著名文学家的聚集地。(　　)

三、根据课文，完成表格

根据课文，可以知道茶和咖啡有哪些不同？又有哪些相同或相通之处？

参照下面的表格，或者自己设计一个表格，对相关信息进行整理和展示，并使用适当的词句，将比较的内容表达出来。

<table>
<tr><th colspan="2">比较项</th><th>茶</th><th>咖啡</th><th>结论</th></tr>
<tr><td rowspan="3">相异</td><td></td><td>起源于中国</td><td>起源于埃塞俄比亚高原</td><td rowspan="5"></td></tr>
<tr><td></td><td></td><td>被视为创作灵感的来源</td></tr>
<tr><td></td><td></td><td>更浓厚的政治色彩和文学色彩</td></tr>
<tr><td rowspan="2">相同（通）</td><td></td><td colspan="2"></td></tr>
<tr><td></td><td colspan="2"></td></tr>
</table>

交流与实践

四、拓展实践

以“中西方饮食文化”为主题，选择一个话题：

1. 餐具
2. 主食
3. 调味料
4. 酒水饮料
5. 其他（请补充）

参照下面的表格，进行必要的整理。然后列出发言提纲，表达自己比较和思考的结果。

比较项	比较对象		原因分析
	比较对象 A 的具体表现	比较对象 B 的具体表现	
①			
②			
③			

结论：

发言提纲：

课文五 厨房的烟火气

生词表 01–05–01

1. 烟火气	yānhuǒqì	hustle and bustle
2. 俗语	súyǔ	common saying
3. 习俗	xísú	custom
4. 姿态	zītài	posture
5. 呈现	chéngxiàn	show
6. 潜移默化	qiányí-mòhuà	influence imperceptibly
7. 书写	shūxiě	write
8. 前所未有	qiánsuǒwèiyǒu	unprecedented
9. 烹饪	pēngrèn	cook
10. 快捷	kuàijié	quick; fast and nimble
11. 遍布	biànbù	be found everywhere
12. 争议	zhēngyì	dispute
13. 去	qù	eliminate
14. 餐饮	cānyǐn	catering
15. 竞争力	jìngzhēnglì	competitive power
16. 业界	yèjiè	business circles
17. 人士	rénshì	personage
18. 进而	jìn'ér	and then
19. 百花齐放	bǎihuā-qífàng	a hundred flowers bloom simultaneously; flourish
20. 风味	fēngwèi	special flavor
21. 特质	tèzhì	distinguishing characteristic
22. 偏爱	piān'ài	prefer
23. 双重	shuāngchóng	dual
24. 曾几何时	céngjǐhéshí	only a short while ago
25. 前者	qiánzhě	the former
26. 精美	jīngměi	exquisite
27. 品尝	pǐncháng	taste
28. 料理包	liàolǐbāo	cooking kit
29. 浓郁	nóngyù	strong

词语练习：选择合适的词语完成句子

呈现　潜移默化　书写　前所未有　去　百花齐放　偏爱　双重　曾几何时　前者

1. 他的理想是成为一个诗人，用动人的语言文字 ________ 对家乡和祖国的热爱。
2. 父母一定要注意自己的言行，因为家庭环境对孩子的成长有着 ________ 的作用。
3. 不少年轻人在家庭装修时，实行 ________ 客厅化，将传统的客厅转变为阅读空间或亲子空间。
4. 雨后的大草原，________ 出一片生机勃勃的绿色。
5. 我们所处的时代，科技正以 ________ 的速度向前发展。
6. 这是一场艺术的盛宴，各种艺术形式齐聚一堂，________。
7. 据说 ________ 蛋糕、奶茶等甜食的人，往往身体的消化功能不好。
8. 使用完全不同的两种标准来判断、处理同一性质的事务，这种做法就是通常所说的实行“________ 标准”。
9. 手机本是一种通信工具，________，它已成为我们的生活必需品。
10. 对这两份计划书，我的看法是 ________ 还需要更多的数据证明，后者更具有可操作性。

学习提示：

01–05–02

随着现代科技和食品加工业的发展，吃一顿饭对我们来说越来越方便、快捷。但是我们的食物，是越来越丰富，还是越来越单一了呢？

中国有句俗语“民以食为天”。曾经有位美食家说过：“告诉我你吃什么，我就能知道你是什么样的人。”食物早已成为人们生活方式和文化习俗的一种表达方式。这种表达方式在不同的历史时期、不同的国家和地区，以不同的姿态呈现，在潜移默化中书写着人类的文明。

随着社会经济的发展，人类得到食物的方式和加工食物的方式，前所未有地丰富。而且机器加工和科学技术，促进了传统手工烹饪向现代工业烹饪的转变，各种方便、快捷、标准化的食品，极大地满足了人们的需求。有两家以汉堡闻名的快餐店，分别在 1952 年和 1955 年正式成立，其分店数量在 1960 年即分别超过 280 家和 400 家，如今已遍布世界。

在人们的印象中，和西餐相较而言，中餐的材料丰富，烹饪方法和制作工序复杂，调味料种类多，菜品多样，地方特色明显。因此，关于中餐究竟能不能标准化，是不是应该标准化，一直存在着争议。

有人认为，如今连锁快餐店、中央厨房、去厨师化已经成为餐饮业的大趋势，中餐应该跟上标准化、连锁化、产业化的餐饮发展步伐，否则将无法走向国际。

但是也有人认为，艺术化、个性化才是中餐的特色，好比国画、中医、武术，一旦实行标准化，中餐反而会失去特色，失去竞争力。

想要把整个中餐全部标准化，难度是相当大的。因此，一些中餐业界人士提出，不同的中餐经营形式，对标准化有不同的需求，经营水饺、包子、面条之类的单品，或者火锅、快餐、茶饮等，可以实现高程度的标准化，进而走向工业化、规模化。而中式正餐离不开手工，讲究厨师的个人技艺，注重各地的风味，应该百花齐放、百家争鸣。简单的标准化和去厨师化，是不符合中餐特质的。

无论是手工烹饪，还是工业烹饪，无论是偏爱哪一种风味的食客，人们对美味与健康的要求是一致的，从美味中获得心理和生理的双重满足，是我们与食物最亲密的对话。

曾几何时，快餐、外卖、冷冻食品等成了不少年轻人的主要饮食。是点一份外卖，还是花一小时亲手做一顿十几分钟就能吃完的家常菜呢？考虑到所花时间和精力以后，年轻人最后通常会选择前者。只是，当你舒适地坐在餐馆里，拿起精美的餐具，品尝到的却是熟悉的料理包，你会不会格外怀念厨房里那浓郁的烟火气？

理解与练习

一、根据课文，选择与下列句子意义相符的选项

1. 艺术化、个性化才是中餐的特色，好比国画、中医、武术。

   A. 只有中餐才有艺术化、个性化的特点，这样它才能跟国画、中医、武术进行比较

   B. 中餐和国画、中医、武术一样，都具有艺术化、个性化的特点

   C. 中餐具有艺术化、个性化的特点，可以好好地和国画、中医、武术做比较

2. 人们对美味与健康的要求是一致的。

   A. 人们都要求美味，也都要求健康

   B. 对于美味和健康，每个人的标准是相同的

   C. 人们对美味和健康的要求，一直没有变过

3. 曾几何时，快餐、外卖、速冻食品等成了不少年轻人的主要饮食。

A. 在过去的某一段时间，年轻人主要吃快餐、外卖和速冻食品

B. 曾经在什么时间，年轻人主要吃快餐、外卖和速冻食品

C. 没过多长时间，就有许多年轻人以快餐、外卖和速冻食品为主要食物了

二、根据课文，回答问题

1. 如何理解餐饮的“标准化”“去厨师化”？

____

____

____

2. 关于中餐是否实行标准化，目前有哪几种意见？你的看法呢？

____

____

____

交流与实践

三、小组活动

随着科技的进步和食品加工业的发展，中西餐饮业都已经经历或正在经历着从手工烹饪向工业烹饪的转变。关于这一现象，结合具体的实例，谈谈你的看法。可参照以下信息和思路，组织并整理内容。

1. 餐饮业由手工烹饪向工业烹饪转变，其主要原因有哪些？

2. 中西方餐饮业在这一转变过程中分别有哪些表现？

3. 中西方餐饮业在这一转变过程中，有哪些方面能够相互借鉴？

4. 关于厨师机器人的使用和发展，你有哪些了解？

5. 在科技时代，关于传统饮食文化，例如中式正餐的发展方向，你有怎样的看法和预测？

本单元学习评估：复习所学，及时总结

使用康奈尔笔记法有效地记笔记，并定期复习，提高学习效率。

（记下关键词、重点句和问题）	（记录授课内容）
（写下对本单元所学的反思以及对重要问题的回答）	

学术场景 I：讨论区发言

学习目标

- 掌握线上学习讨论区发言的一般方法
- 了解讨论区“精华帖”的常见标准
- 熟练地以发言帖的形式表达自己的观点

技能训练

- 训练一：评价一篇发言帖
- 训练二：拟一篇发言帖
- 训练三：拟一个合适的标题
- 训练四：修改和润色

热身

小组活动

在你常去的学习网站上找到一篇你感兴趣的、获得最高点赞的发言帖，跟小组同学分享它的主要信息，并向大家推荐这篇发言帖，说说它的优点或特点。

可以参照下面的信息，整理你将要表达的内容。

<table>
<tr><td rowspan="2">基本信息</td><td>篇名：

作者和出处：</td></tr>
<tr><td>主要内容：

主要观点：

</td></tr>
</table>

续表

优点或特点	1	
	2	
	3	
	4	

线上小课堂 ▶ 01-06-01

学习慕课《通用学术汉语·如何写出一个精华帖？》，了解优质发言帖的主要特点。

“精华帖”的几个特点

虽然不同学科的具体内容和要求有所不同，不过在老师们和同学们的眼中，一篇优质的发言帖，简单来说一般会具备以下几个特点：

首先，是原创性。不能用单纯的引用来表明自己的观点。对研究背景等资料性的介绍，也应该做出自己的总结和分析，而不是大段地摘抄。

其次，是有亮点，这是决定发言帖质量的一个重要因素。“精华帖”之“精华”也主要在这里。作为课程讨论的发言，要传达一定的专业知识，同时也要体现出较高的阅读价值和讨论价值，能提出新的观点或材料，或者介绍对大家有借鉴性、有启发性的思路和方法。避免人云亦云、老生常谈。

同时，内容要具体、充分，一般都会有必要的解释、论证，给出例子、数据或图表等，以佐证观点和意见。

最后，尽可能考虑到形式的美观。包括中文写作格式规范，字体大小适当，段落切分合理，最好可以图文并茂。这样阅读者不仅可以从中得到你分享的知识，也能体会到视觉上的愉悦。

训练一：评价一篇发言帖

学习提示：结合慕课内容和你的学习经验，一般会从哪几个方面来评价一篇发言帖的质量？

一、小组活动

1. 参照下面的表格，对之前“小组活动”中大家推荐的发言帖进行比较和评分。

2. 结合你的专业背景和课堂发言的成功经验，对下面表格列出的评价项目进行补充和完善。

评价一篇发言帖					
1	原创性	□选题或内容非常具有原创性	□选题或内容具有一定的原创性	□选题或内容不够新颖	本项得分 ☆☆☆☆☆
2	亮点	□选题和内容有3个以上吸引人的要素	□选题和内容有1～3个吸引人的要素	□选题和内容没有明显的吸引人的要素	本项得分 ☆☆☆☆☆
3	论证	□论证结构非常清晰，论证方法合理有效	□论证结构比较清晰，论证方法比较合理	□论证结构不清晰，论证方法不合理	本项得分 ☆☆☆☆☆
4	规范性	□词语使用规范，中文写作格式规范，整体整洁、美观	□词语使用比较规范，中文写作格式比较规范	□词语使用和中文写作格式等有较多不规范之处	本项得分 ☆☆☆☆☆
综合得分		☆☆☆☆☆			

二、拓展实践

参照以上要求和标准，评价下面的发言内容是否具有“精华”之处。如果有，具体表现在哪些方面？

1. 发言帖一

发言帖一	评价
中国古代的饮食活动中，餐勺与筷子（古代称“箸”）往往是配合使用的。周代时曾规定，筷子只能夹取菜类，而吃米饭、喝粥的时候必须用餐勺，餐具的分工十分明确。 秦代青铜勺 考古发现最早的餐勺距今已有七千余年的历史，属新石器时代。当时的勺既有木质、骨质的，也有陶质的。	

续表

发言帖一	评价
夏商周时期的铜勺，勺头部分平展，呈尖叶状，似矛头。古文字“匕”的写法，就是这种长柄、浅勺、勺端稍锐的食器的样子，字形的上端是勺柄，左侧表示还有一个挂耳，字的下半部分表示勺身。大约战国以后，勺头由尖锐变得圆钝，柄也趋于细长，成为餐勺的常态，沿袭至今。 汉字中如“匙”“旨”等由“匕”组成的字，多与取食的器具或事项有关。而形状扁平、薄而锋利的短剑或尖刀，和食具匕的形状相近，于是也被称为“匕”，即我们常说的匕首。 选自《古人管“勺子”叫什么你知道吗》，作者：小鹏事话。有删改。	

2. 发言帖二

发言帖二	评价
“锦鲤”一词，一时间成为广大网友的话语标配。“锦鲤”并不是一个新创造的网络流行词，这种“鳞光闪烁的鲤鱼”自古就有吉祥、美好的寓意。网络时代让它重新焕发了生机，属于汉语词汇发展中的旧词新意现象。 细说起来，“锦鲤”的真正流行始于2018年支付宝官方微博发起的一次抽奖活动，当时把中奖的人称为“中国锦鲤”，可以获得商家提供的丰厚奖品。从此，“锦鲤”一词开始走红，用于表达人们希望获得极佳运气的美好心愿。 “锦鲤”作为好运气的代名词，常出现在各类活动的宣传报道中，并出现了一大批由“锦鲤”组合而成的说法，例如“锦鲤年、锦鲤命、锦鲤大妈、锦鲤本鲤、锦鲤附身、锦鲤营销、美食锦鲤、爱情锦鲤、考场锦鲤、转发锦鲤、最强锦鲤、超级锦鲤、锦鲤CP、锦鲤系列”，诸如此类。 “锦鲤”的使用者多为接受新鲜事物较快的年轻群体，人们根据需要在使用中任意选择组合搭配，使“锦鲤”的流行和传播更加多样化。这与现代社会的发展、人们的心理认知和流行词自身的特点等各方面因素，都密不可分。	

续表

发言帖二	评价
但是，网络流行词语的存在往往又是短暂的，它会随着下一个流行词语的产生而失去主流地位。再加上，由于“锦鲤”是名词，词语使用的灵活度和泛化程度有限，因此我们大胆预测“锦鲤”在网络上的热度终将散去。 选自《网络流行词“锦鲤”初探》，作者：丁颖。有删改。	

线上小课堂 01-06-02

学习慕课《通用学术汉语·如何写出一个精华帖？》，了解发言帖的常用写作结构。

发言帖的两种常用结构：总分式和递进式

一篇可以被称作“精华帖”的发言，涉及很多方面，专业的知识、独立辩证的思考、精准的语言表达技巧等都是必要的。

在所有这些条件之中，最基本的一条是层次结构的清晰。在层次结构清晰的基础上，语言的技巧、知识经验的表达、思想的创新才有用武之地。

为保证层次结构的清晰，这里我们主要推荐两种常用的结构形式。

一种是传统的总分式结构，也可以叫作金字塔式结构。

金字塔式结构，可以是自上而下的“总—分”模式，从已经确定的主题和观点开始，接下来的各层次对其做出相应的分析，各层次之间有清晰的逻辑联系，上下层次的内容可以用小标题形式明示，使条目更加清楚。

金字塔式结构，也可以是自下而上的“分—总”模式。先列出所要说明的重点内容，明确各要点之间的逻辑关系，尤其是各层次内容间的共性和内在联系，进而在最后得出结论性的意见。

另一种是层层深入的递进式结构，也可以叫作水波式结构，主要指各层次内容之间形成一种纵向的、连续的、渐进的结构关系。例如，开篇就提出一个问题，或者标题即问题，然后针对这一问题，预设阅读者的主要疑问和期待，通过分解这些疑问，引导阅读者进入下一层内容，发言帖随着这些不断深入的问题和答案，层层推进。

训练二：拟一篇发言帖

学习提示：阅读一篇发言帖时，掌握它的结构（即论证逻辑），将事半功倍；在实际写作中，安排好结构，也是整理写作思路的必要过程。

一、小组活动

阅读和梳理以下内容，指出各层次之间的结构关系。

1. 发言帖三

发言帖三	结构分析
（一）工业领域的规模化生产技术应用到了食物的世界。类似汽车销售，谷物、肉类、快餐等也在世界范围内销售。食物成为工业化时代规模化生产和大众消费文化的一部分。 （二）曾经，狩猎民族杀死动物的时候，会虔诚祈祷；游牧民族把黄油和牛奶当作主要食物，而不是简单地杀掉生产这些食物的牛羊。虽然在举行庆祝活动的时候，人们会捕杀并食用动物，但是他们会像杀掉自己的宠物一般，满怀哀伤，感情真挚。现在，鸡作为食用肉类被规模化生产，对食用的人而言，与动物的情感不复存在。 （三）从健康的角度讲，在狭小区域养殖大量动物，为了预防疫病蔓延，从业者会使用抗生素等药品。人们食用摄入药品的动物之后，健康可能会受到影响，形成恶性循环。 （四）《超码的我》是一部纪录片，导演斯普尔洛克亲自实验，坚持每天吃快餐，仅仅30天他的体重就增加了11公斤，高血压和脂肪肝也随之而来。美国疾病控制与预防中心（CDC）曾做过预测，2000年出生的孩子，未来每三个人中就有一个人可能患上糖尿病。 （五）此外，快餐让人们味觉迟钝，让饮食文化逐渐衰落。 （六）所以，食物本就不应该向着工业生产的方向发展。 选自《饮食小史：从餐桌看懂世界经济》，作者：榊原英资，潘杰译。有删改。	

2. 发言帖四

发言帖四	结构分析
（一）在世上一切东西中，好像只有幸福是人人都想要的。你去问人们，想不想上大学、开公司，肯定会得到不同的回答。可是，如果你问想不想幸福，大约没有人会拒绝。而且，有些人之所以不想上大学或开公司，原因正在于他们认为这些东西并不能使自己幸福，而想要这些东西的人则认为它们能够带来幸福，或至少是获得幸福的手段。也就是说，在不同选择的背后，似乎藏着相同的动机——都是为了幸福。 （二）这同时也表明，人们对幸福的理解有多么不同，幸福是一个非常含糊的概念。人们往往把实现自己最衷心的愿望称作幸福。然而，愿望不仅是因人而异的，而且同一个人的愿望在不同时期也会发生变化。真的实现了愿望，得到了想要的东西，是否幸福也还难说。费尽力气争取某种东西，得到了却发现远不如想象的好，也是常事。 （三）由此倒可以确定一点：幸福不是一种纯粹客观的状态。我们不能仅仅根据一个人的外在表现来断定他是否幸福。他有很多钱，有别墅、汽车和漂亮的妻子，可是如果他自己不感到幸福，你就不能硬说他幸福。而且他自己不感到幸福的话，事实上他也就的确不幸福。 （四）如此看来，幸福似乎主要是一种内心快乐的状态，而且是非常强烈和深刻的快乐，以至于我们此时此刻会由衷地觉得活着是多么有意思，人生是多么美好，心中仿佛响着一个声音："为了这个时刻，我这一生值了！"不管这种体验多么短暂，这种体验却总是指向整个一生的，所包含的是对生命意义的总体评价。这种整体的东西，是在寻求、面对、体悟、评价整体的生命意义，我可以把这种东西叫作灵魂。 （五）所以，幸福不是外在的境遇，不是零碎的、表面的情绪，而是灵魂的愉悦。 选自《成长是一件孤独的事》，作者：周国平。有删改。	

二、拓展实践

从下面三个话题中任选一个，参照下面的提示，拟定一个回答提纲或结构图表，明确前后各部分内容间的逻辑关系。

1. 有人说，食品添加剂就是你的厨房里没有的东西。食品添加剂是如何产生的，又如何广泛应用的？对此应做出怎样的评判？

2. 在朋友的眼里，你是不是一个有趣的人？在你的朋友中，是不是有一个让你觉得有趣的人？那么什么样的人才是“有趣的人”呢？

3. 极端天气的影响，是不是暂时且局部的？大洋彼岸的飓风、此处的干旱，以及北极冰川的融化，它们都是怎样产生的？又有着怎样的联系呢？

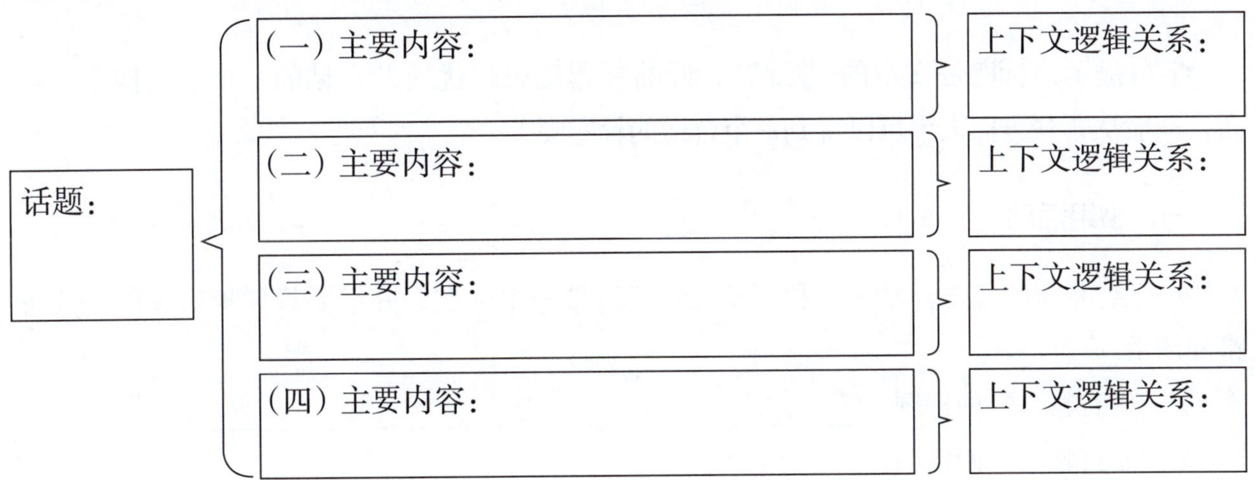

线上小课堂 ▶ 01-06-03

学习慕课《通用学术汉语·如何写出一个精华帖？》，了解如何给发言帖起一个合适的标题。

给发言帖起一个合适的标题

人们将标题比喻为文章的“眼睛”，可见标题的重要性。当大家在浏览讨论区发言时，第一眼看到的就是发言帖的标题。能够引起大家关注和阅读兴趣的，大约也首先是标题。可以说，好的标题是精华帖的重要组成部件。

我们认为，对一篇发言帖来说，好的标题，首先应有自明性，进而有辨识度，也就是说要具有如下特点：

一、明确。简单地说，就是从标题我们可以明确或预测发言帖的主体内容。一般的做法就是，对发言帖内容进行简要概括，可以将主题、观点等概括为短句，直接作为标题。

二、生动。可以考虑适当使用包括比喻、拟人、对偶、象征等常用修辞手段，让标题的表达更形象，或者更有趣。

三、引导。以问句为标题，直接提出对某一话题的思考，引导阅读者产生共鸣和期待。或者，提问只是一个引子，主体内容给出的答案出人意料，取得活泼、幽默的效果。

不妨找找看，在你阅读或撰写发言帖时，是否有这样的实际用例。

训练三：拟一个合适的标题

学习提示：标题是文章的"眼睛"，好的标题是成就优质发言帖的一个重要因素。那么，一般从哪些方面入手可以得到一个合适的标题呢？

一、小组活动

分别给前面的"发言帖一"和"发言帖三"拟一个标题，并简要说说拟标题的主要思路和理由。

1. "发言帖一"的标题：________________

2. "发言帖三"的标题：________________

二、拓展实践

以下标题中，你最感兴趣的是哪一个？也可以自己增加新的标题。根据标题，推测发言的主要内容可能是什么，用一句话概述。

1. AI时代，你准备好了吗？

   主要内容：________________

2. 是什么在影响你的生活质量？

   主要内容：________________

3. 智能手机，不是万能手机

   主要内容：________________

4. 小餐桌，大时代

   主要内容：________________

5. 补充标题：________________

   主要内容：________________

线上小课堂 01-06-04

学习慕课《通用学术汉语 · 如何写出一个精华帖？》，了解主要从哪几个方面对发言帖做修改和润色。

对发言帖做修改和润色

科学的主张、新颖的内容、充满活力的思想，是精华帖的精华所在。

假如古代也有网络平台、发言讨论区，从先秦的诸子百家学说，到宋元话本、明清小说，其中有新意、有个性、被世人争相引用和点评的经典语段，大约就是古人发表的精华帖吧。在我们的课堂讨论中，在信息爆炸的互联网时代，精华帖是一篇让人愿意阅读、愿意为之思考的发言。

写作，没有固定的套路，我们也不必为发言帖设置固定的框架。事实上，当我们对讨论的话题有了深入的理解和独立的思考，然后清晰、流畅地表达出来，从你的笔下或你的键盘上就会产生一篇引人注目的精华帖！

当然，在我们发表它之前，有必要再检查一遍，做最后的修改和润色：

1. 关于这一话题的创见性观点或意见，是否做到了明确地表达？
2. 得出这一观点或意见的思考过程，是否做到了清晰地展示？
3. 标题，是否是最准确、最有吸引力的那一个？
4. 语病、错别字、不规范的中文书写格式和参考文献格式等，这些不应该出现！

训练四：修改和润色

学习提示：修改和润色不仅是写作的最后一步，而且往往是最重要的一步。及时发现问题，及时纠错，避免不应有的失误，进行力所能及的完善。

一、小组活动

小组成员拿出自己或同学们在线上学习中发表过的发言帖，或者在课程讨论中的发言稿，对它做必要的修改及适当的润色。

结合这一操作实例，具体谈谈发言帖写作中常见的问题及相应的解决办法。

常见问题	相应的解决办法

二、拓展实践

根据你对一篇优质发言帖的理解和评价标准，对下面的内容做必要的修改和加工，并简要说说你做修改和加工的理由。

发言帖五	修改意见
说茶 不经意间，似乎各类以茶为原料或与茶直接有关的食品、日用品等已融入我们的生活。除了大家熟悉的各色茶饮料、茶饼、抹茶冰激凌等，以茶叶提取物为核心成分制作而成的功效型护肤品、牙膏、洁面皂、除味剂等，随处可见。还有防护、闻香两不误的茶息口罩，茶叶精华被“藏”在口罩里，不仅给口罩的防护功能增加了天然抑菌效果，人们戴上后呼吸间尽是茶香味。 随着技术的发展，茶叶的抗氧化、除臭、提神等多种功效，得到进一步的开发和推广使用，所衍生的产品也不再局限于生活用品。 由茶制成的纸张、板材、复合树脂等材料，正应用于文创产品和环保产品的制作。 另外，将茶渣、茶枝等茶叶生产废弃物进行回收，可谓对茶叶资源的循环利用，以茶渣、茶枝替代木屑用于菌菇栽培，是其中成功的例子。	

本课学习评估：复习所学，及时总结

使用康奈尔笔记法有效地记笔记，并定期复习，提高学习效率。

（记下关键词、重点句和问题）	（记录授课内容）
（写下对本课所学的反思以及对重要问题的回答）	

第二单元

沉没的古船

美美与共，天下大同。

——费孝通

If beauty represents itself with diversity and integrity, the world will be blessed with harmony and unity.

—Fei Xiaotong

学习目标

学术技能：解释

- 了解学习过程中解释的必要性。
- 掌握解释的有效方法。
- 扩展解释的多种表达形式。

语言技能

- 听：抓取解释相关词语，把握文章主要信息。
- 说：利用解释的表达形式说明自己和他人的观点。
- 读：利用解释的有效方法，梳理文章的基本结构。
- 写：掌握解释的多种表达形式，综合掌握解释说明的写作方法。

热身

小组活动

头脑风暴：提到“丝绸之路”你会想到什么？请小组成员依次发表意见，最终形成你们小组的“丝绸之路”词库，看看哪个小组的词库最丰富，最贴近主题。

提示：每说一个词都要进行简短的解释，如“发表示例”。

“丝绸之路”词库：

（发表示例：茶叶——丝绸之路的主要商品之一就是茶叶。）

课文一 友好交往之路：丝绸之路

生词表 02-01-01

1. 起始	qǐshǐ	begin
2. 陆上	lù shàng	land
3. 马匹	mǎpǐ	horse
4. 牲畜	shēngchù	livestock; domestic animals
5. 负载	fùzài	load
6. 沿途	yántú	the area along a road
7. 艰险	jiānxiǎn	difficult and dangerous
8. 中叶	zhōngyè	middle period
9. 口岸	kǒu'àn	port
10. 设置	shèzhì	set; establish
11. 市舶司	shìbósī	Office of Overseas Trade

专有名词

1. 丝绸之路	Sīchóu Zhī Lù	Silk Road
2. 河西走廊	Héxī Zǒuláng	Hexi Corridor

词语练习：选择合适的词语完成句子

起始　艰险　陆上　中叶　牲畜　负载　沿途　设置

1. 在沙漠地区，骆驼是必不可少的交通工具，主要用来 ________、搬运货物。
2. 这项工作还处于 ________ 阶段，大家千万不能掉以轻心。
3. 探险队员不怕 ________，终于登上了珠穆朗玛峰。
4. 18 世纪 ________，是指 1750 年前后的一段时期。
5. 如果狮子是 ________ 的万兽之王，那么虎鲸就是海上霸主。
6. 青壮年在一旁劳作，小孩儿在奔跑玩耍，老人则在撒食喂养 ________。
7. 人生不是一场竞技，而是一场旅行。比起目的地，更重要的是 ________ 的风景以及看风景的心情。
8. 为了缓解考生的心理压力，学校专门为高三学生 ________ 了心理辅导课程。

学习提示： 02-01-02

我们将听到一段跟“丝绸之路”有关的短文，请注意细节信息。

理解与练习

一、听第一遍录音，判断下列信息是否正确

1. 狭义的“丝绸之路”始于古代中国长安，是连接亚洲、欧洲和非洲的古代商业贸易路线。(　　)

2. 宋朝以前，中国对外交往的通道以陆路为主。(　　)

3. 从宋代开始，中国对外交往的通道以海上丝绸之路为主。(　　)

4. 唐中叶以后，中国对外输出和进口的主要物品发生变化，丝绸贸易被其他物品贸易完全取代。(　　)

二、听第二遍录音，回答问题

1. 为什么说“从宋代开始，中国对外交往的通道也就以海上丝绸之路为主了”？对其原因进行解释。(120个汉字以内)

____

____

2. “市舶司”是什么机构？政府为什么要设立这个机构？

____

____

交流与实践

三、拓展实践

1. 关于“丝绸之路”，按照“基本概念＋补充解释”的形式对其概念进行整理，并填写在下面的表格中。

基本概念	补充解释（分类、特点等）
	狭义：
	广义：

2. 随着交流的发展和扩大，“丝绸之路”的概念也在扩大，广义的丝绸之路还包含以下名称。参照“分类”的学术技能，对以下具体名称进行分类，并写下相应的分类标准。

①陆上丝绸之路　②玉石之路　③绿洲丝绸之路

④草原丝绸之路　⑤瓷器之路　⑥绢帛之路　⑦海上丝绸之路

分类标准	具体名称

线上小课堂 02-01-01

学习慕课《通用学术汉语·“一夫一妻制”是保护女性吗?》，了解“解释”的有关知识。

了解“解释”的有关知识（一）

在前面的课程中已学习过“下定义”的有关知识。下定义是对事物的本质或一个概念的内涵和外延进行准确简要的说明，进行简洁定义的主要方法有“种差+属”法。

但是对学术文章中的概念，在基本定义的基础之上，还需进行必要的补充解释，如分类、特点、目的、功能等，语言表达要求准确、简练。比如可以使用下面的句式：

× 是指……，即/也就是说/简言之/换句话说……

× 是……，基于……，可分为……等方面。

× 指……，其特点可以概括为……

× 的意思是……，旨在/其目的在于……

课文二 “一带一路”的英文译法是什么？

生词表 02-02-01

1. 倡议	chàngyì	initiative
2. 简称	jiǎnchēng	be abbreviated to
3. 直译	zhíyì	literal translation
4. 本质	běnzhì	essence
5. 基础设施	jīchǔ shèshī	infrastructure
6. 一心一意	yīxīn-yīyì	wholeheartedly
7. 一模一样	yīmú-yīyàng	exactly alike
8. 抽象	chōuxiàng	abstract
9. 平衡	pínghéng	balance
10. 单一	dānyī	single; unitary
11. 纽带	niǔdài	link; tie; bond
12. 辉煌	huīhuáng	brilliant; splendid; glorious; magnificent
13. 淡化	dànhuà	attenuate; play down
14. 多元	duōyuán	diverse
15. 包容	bāoróng	inclusive

词语练习：选择合适的词语完成句子

简称　倡议　直译　基础设施　一心一意　单一　纽带　淡化　辉煌　多元　包容

1. 对于一个国家来说，机场、公路等交通 ________ 的建设至关重要。
2. 有些词语要根据上下文的意思进行翻译，不能 ________。
3. 这种代餐食品的营养比较 ________，不能满足我们身体的需要。
4. 有您当年的教导才有我今天的 ________ 成就，我一定不会忘记您的！
5. 时间可以 ________ 我们的记忆，但是无法 ________ 我们的友情。
6. 师生之间沟通的 ________ 是相互间的倾听和对话，尤其是教师要耐心倾听学生的心声。
7. 浙江省 ________ “浙”，是中国省级行政区，省会城市是杭州。

8. 刚开始时，他的 ________ 无人响应，没想到十年后他的预测应验了。

9. 一个成熟 ________ 的社会，应该能够容纳人们不同的价值观和生活方式。

10. 不管发生什么事情，家人都会 ________ 你的一切，但这不是你伤害他们的理由。

11. 她 ________ 要促成这笔生意，每天忙前忙后，在她的不懈努力下，双方终于签订了合约。

学习提示： 02-02-02

什么是“一带一路”？“一带一路”的英文译法应该是什么呢？

2013 年 9 月和 10 月，中国国家主席习近平分别提出共同建设“丝绸之路经济带”和“21 世纪海上丝绸之路”的合作倡议，“丝绸之路经济带”和“21 世纪海上丝绸之路”简称为“一带一路”。那么，“一带一路”用英文应该怎么说呢？起初国外媒体常常采用直译的方法，将其翻译成“One Belt, One Road”“One Belt and One Road”。其实，“一带一路”本质上是一个国际合作倡议，“带”字主要表示铁路等陆上基础设施路线，“路”字主要指海上贸易路线，而“一”也并不表示具体的数量。其实“一带一路”套用的是汉语中常见的四字结构，但实际上语义上是有区别的。例如“一心一意”中的“一”表示的是“单一”的意思，“一模一样”中的“一”则表示“同一”。也就是说，在一般的四字结构中，“一”字突出的是数的意义。而在“一带一路”中，“一”字指代“抽象事物”，主要作用是平衡句子的结构。如果我们将“一”直译成“one”，“一带一路”很可能会被错误理解为仅包含陆上贸易的单一路线和海上贸易的单一纽带形象，但从广泛意义上来说，“一带一路”实际包括了陆上和海上贸易路线的辉煌成就。因此“一带一路”可以翻译为“the Belt and Road”（缩写用“B&R”），如果加上“倡议”，其译法可使用“the Belt and Road Initiative”，去掉了两个“one”，淡化了数字的概念，强调了“一带一路”的本质，即多元开放包容的合作性倡议。

选自《“一带一路”访问记：在华留学生的“回乡”见闻》，
作者：黄平、左亚娜。有删改。
选自《当代汉语和英语翻译研究》，作者：唐利芹。有删改。

理解与练习

一、根据所给关键词语和句式复述课文

1.“一带一路”的定义。

2013 年　分别　建设　经济带　21 世纪　简称为……

2.“一带一路”的解释。

本质上　倡议　主要表示……　主要指……

3.“一带一路”中的“一”和汉语常见四字结构中“一”的比较。

例如　一心一意　一模一样　突出　而……　平衡

二、根据课文，回答问题

1.“一带一路”实际包括什么？“一带一路”的本质是什么？参考下面的句式，说一说“一带一路”的基本含义。

参考句式：

……包含……，并不是……

……并不是……，而是……

2. 课文中使用了假设解释的方法，使用“如果……（就）会……”的句式，说一说“一带一路”中的“一”不能直译的原因。

____

____

____

3.“一带一路”中的“一”不能直译的原因，除了避免引起误解以外，是否还有其他的方面？

____

____

____

交流与实践

三、小组活动

一些汉语词语是无法直译为英文的，需在翻译中做进一步的解释，如：

汉语难译词语示例	
上火	suffer from excessive internal heat
不搞“一刀切”	do not impose a one-size-fits-all approach
火锅	hot pot

和小组成员一起搜集这类词语，参照课文中假设解释的方法进行说明，并派小组代表进行发言。

序号	汉语词语	外文翻译	假设解释说明
1			
2			
3			

四、拓展实践

“一带一路”合作倡议的内容可分为五个方面，称为“五通”。和小组成员一起检索相关网站（如：中国一带一路网），查找与“五通”相关的新闻 1 ～ 3 个（每项），结合新闻内容解释“五通”的内涵，并以小组报告形式进行发言。

“一带一路”	新闻举例
政策沟通	
设施联通	
贸易畅通	
资金融通	
民心相通	

线上小课堂 02-02-01

学习慕课《通用学术汉语·“一夫一妻制”是保护女性吗？》，了解“解释”的有关知识。

了解“解释”的有关知识（二）

有效的解释方法有举例、假设、类比、列数据等，在具体使用的时候需要多个方法相结合。

举例解释的方式中，除了现实事例、历史事实之外，还有结合个人经历进行解释的方法。举例解释中的例子要具有典型性，能够支撑观点，有效说明问题。

假设解释有正面假设推论和反面假设推论两种，即利用假设的条件和结果，提供一个正面或反面的例子，以解释观点。

类比是一种比喻性的解释，简言之，是通过说明 B 来解释 A，A 与 B 具有类似性。

列数据是通过数据进行解释。比如在说明一个事物或者在证明一种观点时，给出具体的数据，使解释更加准确，具有说服力。

用于解释的常用句式有：

比如 / 例如 / 如……，这说明……

引出假设的句式：

如果……那么……、假使……那么……、试想……、倘若 / 若……

引出结果和影响的句式：

……导致 / 造成 / 引发 / 使得……

引出类比的句式：

打比方说，A 就像 B，……

比方这么说 / 比方说，……

引出资料来源或结论的句式：

根据……的研究结果，……

在……中，发现……，这显示 / 表明……

课文三 世界最长的货运班列

生词表 02-03-01

1. 班列	bānliè	railway express
2. 扮演	bànyǎn	play the part of; act
3. 吨	dūn	ton
4. 物流	wùliú	logistics
5. 贯穿	guànchuān	run through
6. 涵盖	hángài	contain; cover
7. 开通	kāitōng	open up
8. 出境	chūjìng	leave the country
9. 历时	lìshí	last; take
10. 装载	zhuāngzài	load
11. 一路	yīlù	all the way
12. 草原	cǎoyuán	grassland
13. 沙漠	shāmò	desert
14. 戈壁	gēbì	Gobi
15. 迷失	míshī	lose (one's way, etc.)
16. 夜幕	yèmù	night; gathering darkness
17. 降临	jiànglín	fall; come; arrive
18. 终极	zhōngjí	ultimate
19. 课题	kètí	problem; task

专有名词

鸟巢	Niǎocháo	Bird's Nest

词语练习：选择合适的词语完成句子

扮演　涵盖　开通　出境　历时　迷失　一路　夜幕　降临　课题

1. 医疗补助计划中还 ________ 了心理咨询。
2. 妹妹在话剧中 ________ 一个小配角，但她仍然排练得很认真。

3. 活在别人的赞美中，最容易 ________ 自己。

4. ________ 三年，她终于完成了这部 50 万字的游记。

5. 我喜欢在 ________ 中独自散步，回想一天发生的趣事，感觉无比充实。

6. 虽然这次毕业旅行 ________ 上有很多不如意的地方，但却是我目前人生中最有意义的一次旅行。

7. 这项业务需本人持身份证件到银行柜台进行 ________，如要代理人办理，需提供专门的委托书。

8. 今年 ________ 旅游的游客大幅增长，旅游业将迎来全面回暖。

9. 不幸突然 ________ 这个城市，罕见的地震摧毁了房屋，夺走了人们的生命。

10. 这是一个虽经很多学者研究，但尚无结果的 ________，主要原因在于缺乏可靠的资料。

学习提示：

02-03-02

古丝绸之路上，骆驼是最高效的交通运输工具，那么新丝绸之路上的“骆驼”又是什么样子的呢？

古丝绸之路上，骆驼作为最高效的交通工具发挥着重要的作用。两千多年后的今天，“义新欧”国际班列扮演的角色就是丝路上的“新驼队”。①亚欧之间货物往来数以亿吨计，但通过陆路运输的货物只占物流总量的 5%。②如果能有一条贯穿 40 多个国家、涵盖 30 亿人口的铁路班列，那该多好啊！终于，在 2014 年 11 月 18 日，这种想象变成了现实——“义新欧”班列正式开通。

“义新欧”班列的起点是中国义乌，经新疆阿拉山口口岸出境，途经哈萨克斯坦、俄罗斯、白俄罗斯、波兰、德国、法国，终点是西班牙马德里，全长 13,052 公里，历时 21 天。“义新欧”班列是目前世界上开行距离最长的国际货运班列。火车从中国出发，装载着玩具、服饰、家居用品等大小包裹一路向西，穿过城市和乡村，也穿越草原、沙漠与戈壁。

中国义乌有一个国际商贸城。第一次走进这个全球最大的小商品商贸中心的人几乎都会有一种迷失感。它的营业面积达到 640 万平方米，差不多相当于 25 个鸟巢体育场。每天早上一开门，20 多万不同肤色、不同国籍的商人们就拥到这里，用不同的语言谈起生意，直到夜幕降临。

如何快捷而又便宜地把货物送到客户手中，是古今中外商人们的终极课题。很多西班牙商人认为“义新欧”班列是不错的选择，因为它方便快捷。一个在中国做了 7 年生意的西班牙商人说：“原来从义乌发货到马德里，走海运要 30 天左右。如果天气不好，遇上风浪，时间会更长一些，现在‘义新欧’走陆路，20 天左右就能到，货物在路上的时间比海运节省了三分之一，而运费只有航空的五分之一。”

③“义新欧”班列已成为现代丝路上名副其实的“新驼队”。

选自《数说“一带一路”》，作者：肖振生。有删改。

理解与练习

一、根据课文，回答问题

1. 课文第一段画线的①和②列举了一些数据，主要是想说明什么？

______

______

______

2. “义新欧”是什么意思？使用下定义的方法，对“义新欧”的基本概念进行说明，并做补充解释（如长度、时长、特点等）。

______

______

______

3. 课文第三段提到了义乌国际商贸城，义乌国际商贸城跟“义新欧”班列有什么关联？

______

______

______

4. 课文第五段画线的③将“义新欧”班列类比为“新驼队”，为什么要这样解释？它们之间有什么共同点？

______

______

______

二、根据课文中使用的解释方法，完成下面的表格

段落	解释方法	解释的内容	解释的目的
第一段	列数据	相较于以亿吨计的货物往来数量，陆路物流只占总量的 5%	亚欧之间陆路运输货物总量少
第二段	列数据		
第三段	类比		
第四段	举例		

交流与实践

三、小组活动

从你们国家出发到其他国家，主要交通路线（海陆空）有哪些？查阅相关资料，按照表格列出 1 ～ 3 条路线，并参照课文中的解释方法，对其进行说明。最后整理成完整的发言稿，并派代表发言。

路线	从……始发 途经…… 终点……	全长…… 时长……	特点	推荐原因
1				
2				
3				

说明：

课文四　南海一号：沉没的古船

生词表　02-04-01

1. 迄今	qìjīn	to date; so far
2. 瓷器	cíqì	porcelain
3. 价值不菲	jiàzhí bùfěi	priceless
4. 珍贵	zhēnguì	precious
5. 文物	wénwù	cultural relic
6. 推断	tuīduàn	infer; deduce
7. 驶	shǐ	sail; drive
8. 船舶	chuánbó	vessels; ships
9. 桅杆	wéigān	mast
10. 巧妙	qiǎomiào	ingenious
11. 非……莫属	fēi…mò shǔ	none other than
12. 外销	wàixiāo	export; sell abroad or in another part of the country
13. 出水	chūshuǐ	be excavated
14. 发掘	fājué	excavate
15. 风情	fēngqíng	local conditions and customs
16. 装饰	zhuāngshì	ornament; decoration
17. 眼镜蛇	yǎnjìngshé	cobra
18. 骨骸	gǔhái	skeleton; bones
19. 打捞	dǎlāo	get out of water; salvage
20. 浸泡	jìnpào	soak; immerse
21. 未解之谜	wèi jiě zhī mí	unsolved mystery
22. 见证	jiànzhèng	witness

词语练习：选择合适的词语完成句子

迄今　价值不菲　推断　未解之谜　发掘　见证　外销　打捞　非……莫属

1. 世界上还有很多 ________ 等待我们去探索。
2. 全校短跑第一名 ________ 小明 ________，可惜他今年要参加省队的特训，无法参加比赛了。

3. 全世界的人民共同 ________ 了北京冬奥会的成功举办，北京冬奥会在奥运会历史上留下了浓墨重彩的一笔。

4. 这件收藏品 ________ ，务必要好好保管。

5. 这座佛寺 ________ 已有一千多年的历史，每年来到这里的游客络绎不绝。

6. 这一系列的丝织品一直以 ________ 为主，远销日本、韩国、东南亚地区，以及欧美。

7. 水下考古队发现了一艘古代沉船，________ 出了大量珍贵的文物。

8. 按照医生的 ________ ，癌细胞不到半年就会扩散全身，必须现在马上动手术。

9. 优秀的教师善于在教学中 ________ 每个学生的潜能，并能引导他们进步。

学习提示： 02-04-02

通过“课文三”，我们了解到了陆上丝绸之路的“新驼队”。接下来，让我们一起探索一下海上丝绸之路的未解之谜吧。

“南海一号”是南宋时期建造的一艘木质商船，迄今已有800余年的历史。1987年，水下考古队在广东台山市阳江海域发现了这艘沉没的古船，考古队员在船内发现了大量瓷器、铁锅等货物，还有许多价值不菲的珍贵文物。根据船头指向的方向以及船内的瓷器，专家推断，“南海一号”是一艘准备驶往海外的中国船只。

那么它的始发港是哪里，又将驶往何处？多数专家认为泉州很可能是“南海一号”的始发港。其理由是，宋代时期泉州的造船技术在全国闻名，而“南海一号”是一艘长30米左右、宽9.8米的大型远航船舶，且有一根长达十丈的杉木桅杆，能有如此巧妙的造船技术和大量的木材，非泉州莫属。而且船上的瓷器大多数都产自福建，当时福建的瓷器多供外销，因此认为该船的始发港应在泉州。

那么这艘宋代沉船的目的地又是何处呢？考古人员从“南海一号”中出水了大量文物，大多数为瓷器和金属器。除此之外，还从中发掘出一些极具异国风情的器物，如“喇叭口”的大瓷碗，与阿拉伯人用的饭碗很相似。另外，还有阿拉伯国家流行的首饰和装饰物，以及两具眼镜蛇的骨骸。因而专家推断，这艘船上曾住有阿拉伯商人或印度商人。而这艘沉船的目的地也应该是印度或西亚，但具体目的地是哪里，目前还没有实证。

“南海一号”于2007年完整出水，考古学家共打捞出6万余件瓷器和众多珍贵的历史文物。这些瓷器大多保存完整，尤其令人震惊的是，就连当初捆绑瓷器的草绳，虽经数百年的浸泡，仍然保存了下来。

虽然“南海一号”沉船还存在很多未解之谜，但它依然具有极其重要的历史价值。它是迄今为止世界上发现的海上沉船中年代最早、船体最大、保存最为完整的远洋贸易商船，是古代海上丝绸之路的重要见证。

选自《海洋传奇：沉没的珍宝》，作者：陶红亮。有删改。

理解与练习

一、根据课文，判断下列信息是否正确

1. “南海一号”是800年前沉没的宋代古船。(　　)
2. 考古学家1987年就完整地打捞出了“南海一号”船体。(　　)
3. 很多专家认为“南海一号”是从泉州始发，准备驶往海外的船只。(　　)
4. 专家已确定“南海一号”的目的地就是印度。(　　)

二、根据课文，回答问题

1. 为什么说“南海一号”是准备驶往海外的中国船只？其依据是什么？

____

____

2. 课文第二段和第三段中，考古人员通过考证解释了与“南海一号”相关的两个问题，它们分别是什么？解释的依据和方法是什么？

按照要求完成表格，然后使用“参考句式”对内容进行概括。

解释的问题	解释内容	解释依据	解释方法
“南海一号”的始发港在哪里？	普遍认为在泉州		

参考句式：

关于……和……的问题，考古人员根据……认为……

其理由是 / 其理由如下 / 原因在于……

交流与实践

三、小组活动

课文最后一段提到，“南海一号”还有很多未解之谜，和小组成员一起检索相关资料（可参考“央视网”《南海一号》纪录片），根据表格整理相关信息。了解一下这艘古船还有哪些不为人知的谜团，专家们对此又是怎样进行解释的。

未解之谜	解释内容	解释依据	解释方法

【参考文献】

课文五 通往天上的路——茶马古道

生词表 02-05-01

1. 丛林	cónglín	jungle; forest
2. 盘旋	pánxuán	circle; spiral
3. 传播	chuánbō	disseminate; spread
4. 庞大	pángdà	huge; enormous
5. 糌粑	zānba	roasted *qingke* barley flour
6. 酥油	sūyóu	yak butter
7. 燥热	zàorè	hot and dry
8. 分解	fēnjiě	resolve; decompose
9. 役使	yìshǐ	work (an animal); use; enslave
10. 供不应求	gōngbùyìngqiú	demand exceeds supply
11. 互补	hùbǔ	complement
12. 应运而生	yìngyùn'érshēng	emerge as the times require
13. 药材	yàocái	medicinal material
14. 智慧	zhìhuì	wisdom
15. 凶险	xiōngxiǎn	very dangerous; critical
16. 比比皆是	bǐbǐ-jiēshì	can be found everywhere
17. 狭窄	xiázhǎi	narrow
18. 陡峭	dǒuqiào	steep
19. 著称	zhùchēng	be celebrated; be famous
20. 约定俗成	yuēdìng-súchéng	established by popular usage
21. 货郎	huòláng	itinerant pedlar; street vendor
22. 千差万别	qiānchā-wànbié	differ in thousands of ways
23. 自给自足	zìjǐ-zìzú	self-sufficient
24. 主角	zhǔjué	leading role
25. 领略	lǐnglüè	have a taste of; appreciate
26. 亚热带	yàrèdài	subtropical zone
27. 雄伟	xióngwěi	magnificent
28. 缔结	dìjié	forge; establish
29. 融合	rónghé	mix together
30. 迁徙	qiānxǐ	move; migrate

词语练习：选择合适的词语完成句子

盘旋　庞大　分解　供不应求　互补　应运而生　凶险　比比皆是
约定俗成　千差万别　自给自足　领略　雄伟

1. 生活中不如意的事情 ________，因此我们更要以乐观的心态拥抱生活。
2. 改革开放后，中国经济发展迅速，高楼大厦如雨后春笋般 ________。
3. 今年夏天特别热，空调等制冷设备 ________，常有脱销现象。
4. 如果你在绵绵细雨中走在西湖边上，就会 ________ 到江南独特的风光和韵味。
5. 在追求爱情时，我们更容易被与自己性格 ________ 的人所吸引。
6. 那只苍鹰在空中 ________、鸣叫着，仿佛预感到了主人的离去。
7. 中国是一个人口大国，这样的国家能够实现粮食 ________，这本身就不是一件容易的事情。
8. 他因投资失败，背上了 ________ 的债务，五年来没日没夜地工作，债还完了，身体也垮了。
9. 虽然都是中国人，但是各个地区的方言却 ________，如果不使用普通话，互相沟通就会比较困难。
10. 每种文化都有自己的禁忌和 ________ 的习惯，比如中国人有“好事成双”的传统观念，因此送礼或红包时习惯送双数。
11. 想要 ________ 脂肪需要进行一些有氧运动，比如踢足球、爬楼梯、跑步或爬山等，都是非常有效的减肥方法。
12. 山路 ________，山脉深处据说还有野兽，你们千万要小心。
13. 这座大桥造型优美，气势 ________，尤其是桥墩上的石狮子被雕刻得格外传神，栩栩如生。

学习提示：

02-05-02

“茶马古道”是怎么形成的？为什么称它为“通往天上的路”？

在横断山脉的高山峡谷，滇、川、藏“大三角”地带的丛林草莽之中，盘旋着一条神秘的古道，这就是世界上地势较高的文明文化传播古道之一的茶马古道。

茶马古道是一条进行茶马贸易的古老商业道路，通过马帮的运输，中国云南省和四川省的茶叶与青藏高原地带的马匹、药材相交换形成此路。作为一条贸易通道，茶马古道广义上并非指一条路，而是一个庞大的交通网络。茶马古道分布地域极广，主要分南、北两条道，即滇藏道和川藏道。

茶马古道起源于唐宋时期的茶马互市。康藏属高寒地区，糌粑、奶类、酥油、牛羊肉是藏民的主食。在高寒地区，人需要摄入热量高的食物，但没有蔬菜，糌粑又燥热，过多的脂肪在人体内不易分解，而茶叶既能够分解脂肪，又能防止燥热，所以藏民在长期的生活中，形成了喝酥油茶的饮食习惯，可惜藏区不产茶。在内地，民间役使和军队征战都需要大量的骡马，但供不应求，而藏区和川、滇边地产良马。于是，具有互补性的茶和马的交易，即茶马互市便应运而生。这样，藏区和川、滇边地出产的骡马、毛皮、药材等和川滇及内地出产的茶叶、布匹、盐、日用器皿等，在横断山区的高山深谷间南来北往，形成一条延续至今的茶马古道。

茶马古道带给商队财富的同时，也考验着人类的智慧。茶马古道凶险无比，海拔在2000米以上，4000米以上海拔的路段比比皆是，道路以狭窄和陡峭著称，其中以云南通往西藏的路段为最。在漫长的历史当中，马帮承担起了西南高原地区的交通运输任务，马帮是对按照民间约定俗成的方式组织起来的一群赶马人及其骡马队的称呼。简言之，马帮就是西南高原的货郎，他们用马载着粮食、松茸、食盐、草药等货物去各地做生意。马帮的规模千差万别，既有一家人或同村人结成的小马帮，也有拥有一两百匹马的大马帮。明清时期，经茶马古道往来于云南和西藏的大多是百匹马以上的职业马帮。职业马帮很多是一个大商号，商号专门雇一批人、养一批马。大规模的寺院也会组织自己的马帮，因为寺院难以通过自给自足的农业生产维持运转，僧侣们同样要靠寺院生产的物品以物换物。这些由商号和寺院组织的马帮成了茶马古道的主角。

茶马古道不仅是贸易之路，也是一条旅游、文化传播之路。在这条路上，人们既能领略到亚热带雨林地区的美丽风光，也能欣赏到雄伟雪山、高山峡谷和芳草碧连天的绿色草原。这条路上，居住着彝族、景颇族、苗族、普米族、白族、哈尼族、纳西族、藏族、傣族等民族的人，不同的民族文化、传统、风俗、服饰、宗教信仰相互传播，相互影响。茶马古道从来都是民族融合与和谐之道，它见证着千百年来中国乃至亚洲各民族间因茶而缔结的血肉情感；它是民族迁徙的走廊，为人类寻找永恒的家园提供了许多实证；它是佛教东传之路；它是世界文明的主要通道。在茶马古道上，多元文化相互融合。

选自《中华商文化》，作者：张宝忠、俞涔、陈君。有删改。

理解与练习

一、根据课文，回答问题

1. “茶马古道”在哪里？它的主要作用是什么？用“下定义 + 补充解释”的方法，对“茶马古道”的概念进行解释说明。

____

____

____

2. 课文第三段提到茶马古道起源于茶马互市。什么是“茶马互市”？它是怎么形成的？

____

____

____

3. “马帮”是什么？它在茶马古道上起着什么样的作用？用“下定义 + 补充解释”的方法，对“马帮”的概念进行解释说明。

____

____

____

4. 课文中提到“茶马古道带给商队财富的同时，也考验着人类的智慧”。应该怎么理解这句话？结合课文进行解释。

____

____

____

二、茶马古道既是贸易之路，也是旅游、文化传播之路。根据下面的关键词，对相应的内容进行复述

<table>
<tr><td rowspan="2">茶马古道的定位</td><td>贸易之路</td><td>概念：位于、地势、运输、交换、形成
起源：起源于、高寒、藏民、燥热、分解、茶叶、内地、骡马、互补、交易
运输手段：凶险、马帮、约定俗成、货郎、主角</td></tr>
<tr><td>旅游、文化传播之路</td><td>领略、风光、雪山、峡谷、草原、民族、传播、影响</td></tr>
</table>

三、根据内容，可将课文分为三部分，概括每一部分的主要内容，并解释划分依据

部分	概括内容
第一部分	
第二部分	
第三部分	
划分依据：	

交流与实践

四、拓展实践

结合本单元的课文内容，检索相关资料，以小组为单位，规划一条适合留学生的丝绸之路旅游文化路线，每组派出代表在班级内进行分享。看看哪组设计的路线更具创意，更有吸引力。

注意：需特别注意本次旅游活动设计的目的，要融合知识性、体验性、趣味性。

主题： 留学生走丝绸之路

参考题目：

坐火车重走丝绸之路：我从……到……

海上丝绸之路起点：泉州 vlog

最美丝路行：……博物馆

走"马"观花：游茶马古道重镇——……

其他（自拟）

设计目的： 增长丝绸之路相关知识，体验丝绸之路文化

日程安排： 1～7 天

题目： ______________________________

活动的目的和意义、活动安排：

【参考文献】(包括网站)

本单元学习评估：复习所学，及时总结

使用康奈尔笔记法有效地记笔记，并定期复习，提高学习效率。

（记下关键词、重点句和问题）	（记录授课内容）
（写下对本单元所学的反思以及对重要问题的回答）	

专项写作 I

任务一：确定选题与写作目的

学习提示：在国际交往中，不同的国家和地区在很多方面表现出共性或者差异性，而产生共性或差异性的内在原因，是值得深入思考的。

一、以“国际交往”为主题，从一场愉快、严谨的小组讨论开始，确定你的选题，整理写作思路

1. 结合自己参与国际交流的经验或生活实际，小组成员各自提出一个具体的实例，准确表述它在不同国家和地区间的共性或差异性。要求内容结合具体的文献资料，言之有据。

参考话题：

A. 饮食礼仪

B. 婚俗礼仪

C. 色彩的文化内涵

D. 问候语和问候方式

E. 家庭模式和家庭观念

F. 教育政策和高等教育

G. 经济发展模式

2. 对产生共性或差异性的主要原因，你能否给出合理的解释和分析？学者们有过哪些解释？小组成员充分交流，互相帮助，完善各自的思考结果。要求解释和分析结合具体的文献资料，言之有据。

二、参照下面的表格，进一步明确选题角度、主要观点或需要重点解释的问题

<table>
<tr><th colspan="4">选题角度：关于 ______________________</th></tr>
<tr><th rowspan="2">共性或差异性</th><th colspan="2">比较对象</th><th rowspan="2">原因分析、
相关资料</th></tr>
<tr><th>A</th><th>B</th></tr>
<tr><td>①</td><td></td><td></td><td rowspan="4"></td></tr>
<tr><td>②</td><td></td><td></td></tr>
<tr><td>③</td><td></td><td></td></tr>
<tr><td>……</td><td></td><td></td></tr>
<tr><td colspan="4">写作目的（主要观点或需要重点解释的问题）：
____
____</td></tr>
<tr><td colspan="4">【参考文献】</td></tr>
</table>

任务二：篇章写作训练

学习提示：结合“学术场景Ⅰ：讨论区发言”，参照优质发言帖的相关要求，安排好写作的题目、结构和内容等，并在写作完成后进行必要的修改。

参照下面的“写作准备”，对本次专项写作所需要的相关技能、表达形式等，做必要的复习和整理。

写作准备：

- 提出主要观点或主要问题——基于相关的理论、文献或数据
- 提出自己的比较分析和解释

复习“比较”和“解释”的主要表达形式

通过以上的复习和整理，相信你已经对本次写作任务做了必要的准备。接下来，参照下面的“写作结构”，把你的思考过程和思考结果整理成完整的书面表达。

写作结构：

第一部分	● 导入：介绍比较分析的对象、选题的原因和写作的主要目的等。
第二部分	● 简要介绍：介绍与选题有关的重要理论、文献及资料等，代表性学者的主要（或不同）观点等。
第三部分	● 主体部分：对比较对象从不同角度、分层次展开比较分析；充分结合已有的理论、文献或数据等，做出相应的解释。
第四部分	● 内容总结：强调主要观点，对第一部分的写作目的做出回应；整理目前研究存在的问题和不足，或提出进一步的比较研究计划等。

写作要求：

（1）确定选题，自拟题目，题目要完整、清楚，有吸引力。

（2）合理运用比较分析的方法，进行科学的解释，有理有据。

（3）语言表述客观、准确、流畅，尽量避免过于口语化的表达。

（4）不少于800个汉字。

题目：________________________________

800

【参考文献】

本课学习评估：复习所学，及时总结

使用康奈尔笔记法有效地记笔记，并定期复习，提高学习效率。

（记下关键词、重点句和问题）	（记录授课内容）

（写下对本课所学的反思以及对重要问题的回答）

第三单元

丰富多样的皮影戏

文化开启了对美的感知。

——爱默生

Culture opens up the perception of beauty.

—Emerson

学习目标

学术技能：归纳概括

- 了解归纳概括的目的和意义。
- 掌握内容概括与问题概括的基本思维方法。
- 掌握归纳概括的多种表达形式。

语言技能

- 听：抓取归纳概括的相关词语，判断并验证文章主要信息。
- 说：利用归纳概括的表达形式有条理地概括内容和问题。
- 读：根据归纳概括的基本思路，梳理文章的基本结构。
- 写：掌握归纳概括的多种表达形式，练习综合说明的写作方法。

热身

下面是进入联合国教科文组织非物质文化遗产名录的部分项目，你知道它们的申报国和具体类别吗？参考相关网站（中国非物质文化遗产网·中国非物质文化遗产数字博物馆），查看图片和相关介绍，完成表格。

序号	人类非物质文化遗产项目名	申报国	类别（可多选）： 1. 口头传统和表现形式 2. 表演艺术 3. 社会实践、仪式、节庆活动 4. 有关自然界和宇宙的知识和实践 5. 传统手工艺
1	登山		
2	送王船——有关人与海洋可持续联系的仪式及相关实践	中国、马来西亚	
3	泡菜的腌制与分享		
4	昆曲		
5	端午节	中国	
6	中国书法	中国	

课文一 《保护非物质文化遗产公约》的标识

生词表 03-01-01

1. 非物质文化遗产	fēiwùzhì wénhuà yíchǎn	intangible cultural heritage
2. 公约	gōngyuē	convention
3. 礼仪	lǐyí	etiquette
4. 构图	gòutú	composition
5. 泡状	pàozhuàng	bubble-like
6. 宗旨	zōngzhǐ	aim; purpose
7. 紧扣	jǐn kòu	stick to
8. 徽标	huībiāo	logo
9. 前夕	qiánxī	eve
10. 揭晓	jiēxiǎo	announce
11. 相通	xiāngtōng	be interlinked
12. 寓意	yùyì	implied meaning

专有名词

联合国教科文组织 Liánhéguó Jiào-Kē-Wén Zǔzhī
United Nations Educational, Scientific, and Cultural Organization

词语练习：选择合适的词语完成句子

构图 宗旨 礼仪 紧扣 揭晓 前夕 相通 寓意

1. 为客户提供最优质的服务，是我们公司的 ________。
2. 写作文字数不是越多越好，要 ________ 主题。
3. 这幅山水画在色彩和 ________ 方面十分协调。
4. 新一届奥运会主办城市即将 ________，人们怀着激动的心情观看现场直播。
5. 他们俩心灵 ________，不管是生活上还是工作上，都配合得很默契。
6. 这部纪录片 ________ 深刻，发人深省，是近几年难得的佳作。
7. ________ 是一个人内在修养和素质的外在表现。
8. 大地震发生 ________，某些动物往往会有异常的反应。

学习提示： 03-01-02

你了解《保护非物质文化遗产公约》的标识和它的意义吗？我们将听到一段跟《保护非物质文化遗产公约》有关的短文，请注意细节信息。

理解与练习

一、听第一遍录音，判断下列信息是否正确

1. 联合国教科文组织在第 32 届大会上通过了《保护非物质文化遗产公约》。(　　)
2.《保护非物质文化遗产公约》标识的设计师来自亚美尼亚。(　　)
3.《保护非物质文化遗产公约》标识与联合国教科文组织徽标联合使用。(　　)
4.《保护非物质文化遗产公约》标识包括三个图形，三个图形是连续的，中间没有停顿。(　　)
5. 中国第一个“文化遗产日”是 2006 年 6 月 8 日。(　　)
6. “中国非物质文化遗产”标识的外部为圆形，内部为方形。(　　)

二、听第二遍录音，按照表格提示，概括两种标识的特点

要点	《保护非物质文化遗产公约》标识	“中国非物质文化遗产”标识
构图说明	以三角形、正方形和圆形为基本构图，从三角形变成正方形再到圆形，中间没有停顿，圆形呈现为保护罩形式，像符号“@”	
寓意象征		

三、根据课文，回答问题

1.《保护非物质文化遗产公约》的目的是什么？

______

______

______

2. 课文第一段中有“突出该公约的宗旨和精神，强调的是传统与现代之间的联结”的表述，应该怎么理解这句话？

____

____

____

交流与实践

四、小组活动

和小组成员一起查阅资料，列出 1 ～ 2 个标识（校徽或公益组织标识），附上图片，仿照课文对其特点及含义进行说明。可参考表格下方的“相关句式和词语”。

名称	图片	标识特点、含义

相关句式和词语：
内部为（是）……，外部为（是）……
上面为（是）……，下面为（是）……
与……相对应　与……相对称
寓意　比喻　象征　表示　表达　突出　紧扣

线上小课堂 03-01-01

学习慕课《通用学术汉语·“课代表”发个言呗！》，了解归纳概括的基本方法和表达形式。

归纳概括的基本方法和表达形式

归纳概括不是简单的复述，而是要对内容要点进行提炼，除了在文章中找到关键信息，还要对原文中的材料加以说明和解释。基本方法包括：

摘录法，包括摘句和摘关键词。摘句就是将文章中能代表段意、表明作者观点的句子摘录出来，直接用于归纳概括。

提问法，就是用提问的方式，归纳内容要点。多用于归纳概括发生在特定时间和地点的事情，也可以用于归纳概括个人访谈的内容。

分析层次法，就是根据内容，对文本进行分层次处理，并分别进行归纳，然后再按照一定的逻辑顺序进行概括。

用于归纳概括的常见句式：

……认为……，因为……，可能会带来……

……认为/在……看来，因为/原因是……，会导致/引起/引发……

作者指出/表明/强调/主张……，虽然……但是……

课文二 “端午节”是一个什么样的节日？

生词表 03-02-01

1. 蕴含	yùnhán	contain
2. 入选	rùxuǎn	be selected; be chosen
3. 祛病	qū bìng	ward off disease
4. 消灾	xiāozāi	ward off disaster
5. 驱毒	qū dú	ward off poison
6. 辟邪	bìxié	ward off evil spirits
7. 节令	jiélìng	solar term; climate and other natural phenomena of a season
8. 祭祀	jìsì	offer sacrifices
9. 艾蒿	àihāo	Chinese mugwort
10. 菖蒲	chāngpú	*Acorus calamus*
11. 雄黄	xiónghuáng	realgar
12. 竞渡	jìngdù	have a boat race
13. 佩	pèi	wear (at the waist, etc.)
14. 香囊	xiāngnáng	sachet; perfume pouch
15. 酷暑	kùshǔ	intense heat of summer
16. 防疫	fángyì	prevent epidemics

专有名词

1. 屈原	Qū Yuán	Qu Yuan, a poet and statesman in the State of Chu during the Warring States Period
2. 伍子胥	Wǔ Zǐxū	Wu Zixu, a military strategist and statesman in the late Spring and Autumn Period

词语练习：选择合适的词语完成句子

蕴含　入选　祛病　节令　驱　祭祀　竞渡　防疫　酷暑　佩

1. 按照 ________ 来安排生活和饮食，可以让我们保持健康。
2. 这首歌歌词不长，但情真意切，________ 着丰富的内容。
3. 端午节又称为卫生节，源于古代应对夏季湿热气候的卫生 ________ 传统。
4. 猎人喜欢用狗把兔子 ________ 赶出来。
5. 听说常饮花茶可以保健 ________ ，我打算买一些送给爸爸妈妈。
6. 清明节是中国的传统节日之一，主要是用来 ________ 祖先、怀念去世的亲人，表示对先人的思念。
7. 他从小就 ________ 了省体操队，接受专业训练。
8. 杭州风景如画，西湖的美景更是远近闻名。但是，杭州的夏季 ________ 难耐，让人汗流浃背，很多土生土长的北方人都受不了这种气候。
9. 在毕业典礼上，校长亲自为本届优秀毕业生 ________ 戴徽章。
10. 龙舟 ________ 是端午节的传统民俗活动之一，历史悠久，底蕴深厚。

学习提示：

03-02-02

我们将一起学习中国首个入选世界非物质文化遗产的节日——端午节。

端午节是中国的传统节日之一，在每年农历五月初五，至今已有2000多年的历史。端午节是蕴含独特民族精神和丰富文化内涵的传统节日，对中国民俗生活有重大影响。2009年9月，中国端午节被列入联合国教科文组织非物质文化遗产名录，这是中国首个入选世界非物质文化遗产的节日。

有些人认为端午节是为了纪念屈原，有些人则认为其是以祛病消灾为目的的节日。那么，端午节究竟是一个什么样的节日呢？简单地说，端午节是由驱毒辟邪的节令习俗衍生出来的，其丰富多彩的祭祀、游艺、保健等民间活动，主要有祭祀屈原、纪念伍子胥、插艾蒿、挂菖蒲、喝雄黄酒、吃粽子、龙舟竞渡、除五毒等。端午节活动因地域差别而稍有不同，尤其以湖北省秭归县、黄石市最具典型性。

实际上，端午节最早源于远古的祭龙日，目的是用龙的威慑力驱除所有的灾祸。五月初五，气候湿热，毒虫大量繁殖，特别是被称为“五毒”的蝎、蛇、蜈蚣、壁虎、蟾蜍，在端午前后活动变得越来越频繁，威胁着人们的健康，因此端午节一直是作为驱瘟、除恶、消灾、祛病的节日传承下来的。佩香囊、挂菖蒲、插艾蒿、喝雄黄酒是古人的应对措施，用来避开毒虫、消除病毒。从这个意义来看，赛龙舟也可以看作古人的一项体育活动，目的是增强体质以适应恶劣的气候。而纪念地方性名人的内容，是之后才渐渐加进来的。例如，湖南湖北等地纪念屈原、江浙地区纪念伍子胥或越王勾践等，都与这些地方的历史故事相关。可见，端午节作为各地方的民俗节日，分别加入纪念地方历史人物的部分，是地方历史文化的延伸。但是端午节作为全民性的民俗大节，一直是以酷暑之前进行的一次大规模的驱毒、防疫、祛病等活动为主要内容的。

选自“中国非物质文化遗产网·中国非物质文化遗产数字博物馆”文章，有删改。

选自《非物质文化遗产保护理论与方法》，作者：乌丙安。有删改。

理解与练习

一、根据所给关键词语和句式复述课文

1. 作为非物质文化遗产的中国端午节。

   传统　已有……　蕴含　有……影响　列入　首个

2. 作为节日的端午节。

   简单地说……　由……衍生　祭祀　纪念　龙舟　典型性

3. 端午节的起源。

   源于……　目的是……　五毒　威胁　传承

二、根据课文，回答问题

1. 课文中提到了“五毒”，解释一下“五毒”，并举例说明哪些活动与“除五毒”相关。

____

____

____

2. 课文第二段提到“有些人认为端午节是为了纪念屈原，有些人则认为其是以祛病消灾为目的的节日”。作者对这些观点持什么样的态度？在课文中找到代表作者观点的关键表达，并用自己的话进行概括。

____

____

____

交流与实践

三、小组活动

中国端午节包括很多丰富多彩的民间活动，跟小组成员一起查阅相关资料，看看还有哪些端午节活动，并按照一定的标准对其进行合理归类，结合思维导图，说明归类理由。

示例（图）：

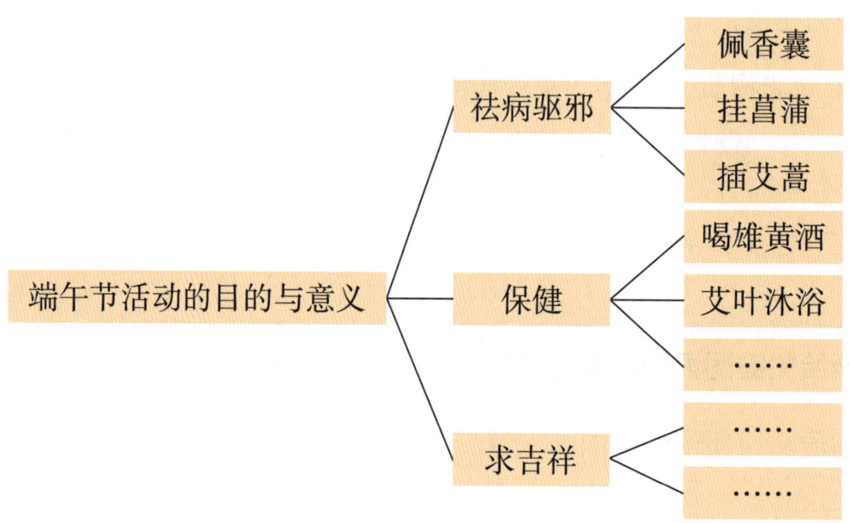

示例（表达句式）：

理由：

我们组从端午节活动的目的与意义出发，将端午节民间活动分为……。祛病驱邪的意思是……，代表性的活动有……等，因为菖蒲和艾蒿……

思维导图：

理由（记录）：

______

______

______

______

四、拓展实践

1. 围绕“创意端午节活动”这一主题，跟小组成员来一场头脑风暴。时长由组员商量决定（15～30 分钟）。建议指定一个人进行记录。

2. 基于头脑风暴的成果，借助网上资料，小组成员共同设计一个传统与现代相结合的“创意端午节活动”，并做小组报告。

活动主题：

设计理念：

活动内容：

课文三 “非物质”文化遗产是“看不见的”文化遗产吗？

生词表 03-03-01

1. 触摸	chùmō	touch
2. 语义	yǔyì	semantic
3. 判定	pàndìng	determine
4. 推敲	tuīqiāo	deliberate
5. 无形	wúxíng	intangible
6. 昆曲	kūnqǔ	*kunqu*, an opera based on *kunqiang* melodies
7. 古琴	gǔqín	*guqin*, a seven-string plucked instrument in some ways similar to the zither
8. 分明	fēnmíng	clearly
9. 对应	duìyìng	correspond to
10. 引入	yǐnrù	introduce
11. 术语	shùyǔ	term
12. 木雕	mùdiāo	wood carving
13. 手艺	shǒuyì	skill; workmanship
14. 口传心授	kǒuchuán-xīnshòu	oral teaching that inspires true understanding
15. 构思	gòusī	conceive; construct
16. 手法	shǒufǎ	technique
17. 雕刻	diāokè	engrave
18. 信仰	xìnyǎng	belief
19. 禁忌	jìnjì	taboo

词语练习：选择合适的词语完成句子

触摸　分明　判定　无形　引入　术语　信仰　手艺　构思　禁忌

1. 他的木雕 ________ 闻名全国，享誉世界，很多外国人慕名而来，就是想亲眼见见这位木雕艺术家。

2. 不能仅凭外表就随随便便 ________ 一个人。

3. 这种话题在我们行业是 ________，你以后就不要再提了。
4. 金钱是有形的财富，时间是 ________ 的财富。
5. 杭州私家园林郭庄，从西湖 ________ 池水，被誉为西湖古典园林之冠。
6. 这篇文章包含很多专业 ________，学生很难理解。
7. 这是感应垃圾桶，无须 ________ 按钮，只要挥一挥手就会打开，非常方便。
8. ________不是知识，但是它会让知识更加有力量。
9. 他 ________ 是朝你来的方向去的，你怎么没有看见他？
10. 这款游戏 ________ 巧妙，场景设计逼真，相信上市以后一定会受到用户的喜爱。

学习提示： 03-03-02

非物质文化遗产究竟是"看得见的"还是"看不见的"文化遗产呢？

"非物质"的英文是 intangible，翻译成汉语大概包括以下五种意思：一是"无形的"，二是"触摸不到的"，三是"不可捉摸的"，四是"难以确定的"，五是"模糊的"。当把 intangible 和 cultural heritage（文化遗产）连接在一起的时候，就可能形成以下五个词语："无形的文化遗产""触摸不到的文化遗产""不可捉摸的文化遗产""难以确定的文化遗产"和"模糊的文化遗产"。从语义学角度判定，前两个词语是可以成立的，并且意义是极其接近的，是"触摸不到的无形文化遗产"。可以进一步推敲，显然表明这是一种"非物质"的遗产。但是"非物质的"就是"无形的"吗？比如有人就提出昆曲和古琴分明是看得见、摸得着的文化遗产，怎么可以说是"无形的"遗产呢？

事实上，从 20 世纪 50 年代开始，日本就已经对本国民族的民间的文化遗产进行了依法保护，在保护法中明确称呼其为"无形文化财"，对应于"有形文化财"。60 年代初，韩国同样依法实施了对本国民族的民间的文化遗产的保护，也使用了"无形文化财"这一词语。联合国教科文组织正是由日本和韩国在该组织工作的专家和官员将两国的"无形的"词语和概念引入联合国官方语言，才使用了 intangible 这个术语。中国将其译成"非物质的"，应该被理解为这种文化遗产既是看不见的，也是摸不着的，因为它不是物质的遗产。比如，老手工艺人做出了精美的木雕装饰艺术作品，是任何人都看得见、摸得着的，但是老手工艺人的手艺，从他口传心授的传承，到艺术构思和操作的手法技巧、雕刻过程中的行业规范、信仰禁忌

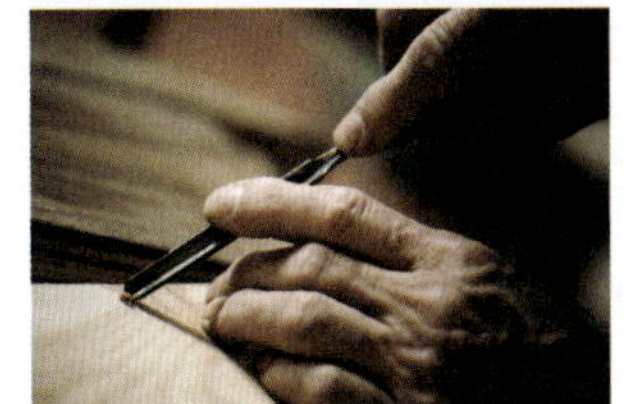

等，往往都是人们难以看到和难以摸到的。这就是“无形的”“非物质的”文化财产，老手工艺人身上的全部技艺正是“非物质文化遗产”，急需传承和保护。

选自《非物质文化遗产保护理论与方法》，作者：乌丙安。有删改。

理解与练习

一、根据课文，判断下列信息是否正确

1. 文章主要讨论 intangible 用汉语怎么翻译的问题。(　　)

2. 20 世纪 50 年代、60 年代，日本和韩国就开始对本国的民间财产进行依法保护，并将其称之为“无形文化财”。(　　)

3. “无形文化财”相对于“有形文化财”，“非物质文化遗产”相对于“物质文化遗产”。(　　)

4. 昆曲和古琴是物质文化遗产。(　　)

二、根据课文，回答问题

“Intangible cultural heritage”“无形文化财”“非物质文化遗产”这三个术语中，最早被使用的是哪一个？三者之间的关系是什么样的？

在充分考虑这两个问题的基础上，对“非物质的”这一词语的来源进行归纳概括。

三、根据课文，思考分析

1. 围绕“非物质的”，有人以昆曲和古琴为例进行了分析。对此，作者举了什么例子？作者想说明的观点是什么？

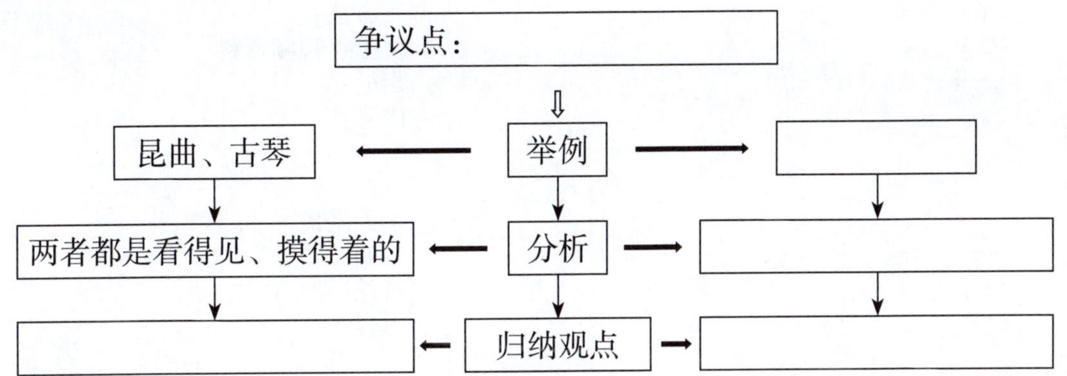

2. 在这篇课文中，作者想讨论的根本问题是什么？在下列选项中进行选择，并说明理由。

□“非物质文化遗产”的翻译问题	□“非物质的”这一术语的来源
□“非物质文化遗产”的真正价值	□证明昆曲和古琴都是非物质文化遗产
理由：	

交流与实践

四、拓展实践

1. 课文中的“昆曲”属于人类非物质文化遗产中的“表演艺术”。检索相关网站，选取一个你们国家的“表演艺术”类的非物质文化遗产，向小组成员进行展示（一段音频、视频或自己表演），并做简要介绍。

可参照以下信息和思路，组织并整理内容。

名称	
名称的由来	
表演形式	
经典剧目	

2. 你所挑选的这个非物质文化遗产项目，目前在传承和发展上面临着哪些问题？在小组内分享调查结果，并和小组成员一起讨论造成这些问题的原因。根据调查和讨论的结果，完成表格。

<table>
<tr><td>问题</td><td>（1）
（2）
……</td><td rowspan="2">调查方法：
□文献、视频资料
出处：
内容：

□个人采访
时间：
对象：
内容：

□实地考察
时间：
地点：
内容：</td></tr>
<tr><td>原因</td><td>（1）
（2）
……</td></tr>
</table>

课文四 非物质文化遗产：中国皮影戏

生词表 03-04-01

1. 皮影戏	píyǐngxì	shadow puppetry
2. 影偶	yǐng'ǒu	shadow puppet
3. 伴随	bànsuí	accompany
4. 戏剧	xìjù	drama
5. 操控	cāokòng	control
6. 照射	zhàoshè	shine; illuminate
7. 幕布	mùbù	curtain; screen
8. 动态	dòngtài	dynamic state
9. 打斗	dǎdòu	fight
10. 剧目	jùmù	a list of plays or operas
11. 身怀绝技	shēn huái juéjì	with unique skills
12. 即兴	jíxìng	extemporise; improvise
13. 转换	zhuǎnhuàn	change; transform
14. 农闲	nóngxián	slack season
15. 时节	shíjié	season; time
16. 盛行	shèngxíng	prevail
17. 常规	chángguī	conventional; routine
18. 演进	yǎnjìn	evolve
19. 戏班	xìbān	theatrical troupe
20. 师徒	shītú	master and apprentice
21. 提升	tíshēng	promote
22. 明快	míngkuài	lucid and lively

词语练习：选择合适的词语完成句子

伴随　照射　操控　打斗　转换　盛行　常规　演进　身怀绝技　即兴

1. 他被邀请上台做了一个 ________ 演讲，精彩万分，现场掌声雷动。
2. 杂技团的成员们一个个都 ________，让人大开眼界。

3. ________ 着新年钟声响起，我们迎来了中华民族的传统节日——春节，人们纷纷向亲朋好友送上祝福，气氛热闹非凡。

4. 阳光 ________ 在宽阔的海面上，一闪一闪的，像是撒上了一层金粉。

5. 他们因一点儿鸡毛蒜皮的小事 ________ 了起来，谁也不肯退让。

6. 人生不顺时，要学会 ________ 角度重新审视生活，学会接受现状；遇到挫折时，要学会平静地遵从自己的内心，认真生活。只要换个心态，生活就会不一样。

7. 事物是在不断变化的，有时需要打破 ________，根据新情况采取新办法、新对策。

8. 小时候，爸爸经常带着我和姐姐去放风筝，他熟练地 ________ 风筝线，一会儿放、一会儿扯，放一下、扯一下，我至今记忆犹新。

9. 二十世纪九十年代 ________ 的一些歌曲，比如《常回家看看》《祝你平安》，其朴实无华的语言、亲切动听的旋律深入人心，传唱至今。

10. 随着社会历史的 ________，现代家庭的结构、规模等也发生了不同程度的变化。

学习提示： 03-04-02

中国皮影戏的文化价值是什么？接下来，让我们一起学习作为非物质文化遗产的中国皮影戏。

①中国皮影戏于 2011 年被列入人类非物质文化遗产代表作名录。皮影戏又称“影戏”或“灯影戏”，是一种古老的讲故事的娱乐形式。它广泛分布于中国各地，特别是陕西省、湖南省、河北省、辽宁省、黑龙江省、甘肃省、浙江省、四川省、湖北省、山西省、云南省。

②中国皮影戏是一种以皮制或纸制的彩色影偶形象，伴随音乐和演唱进行表演的戏剧形式。皮影艺人在幕布后面用木杆操控影偶，通过光线照射在半透明的幕布上创造出动态的形象，如走路、跳舞、打斗和大笑。

③许多老艺人可以表演几十部传统剧目，这些作品有的通过口头传承，有的以书面形式呈现。皮影艺人身怀绝技，诸如可即兴演唱、真假声转换、一人同时操控数个影偶，还能够演奏不同乐器。许多皮影艺人还会雕刻皮影，这些影偶有十二到二十四个可活动的关节。七到九人的大剧团或只有二到五人的小戏班都可以表演皮影戏，主要在娱乐或宗教仪式、婚礼、葬礼以及其他特殊场合进行表演。有些皮影艺人是专业的，有些是业余的，只在农闲时节表演。

④皮影戏在宋代盛行，每逢节日，演出就变得格外多。到了 13 世纪，皮影戏成为蒙古军队军营的常规娱乐活动，并流传到中亚、西亚各国，之后又在东南亚各国

流传开来。随着历史的演进，皮影戏在灯光和表演形式、剧目类型、影偶及相关工艺等方面不断创新。皮影戏的相关技艺通过家庭、戏班或师徒进行传承。

⑤作为传统的民间戏剧，皮影传递着文化历史、社会信仰、口头传统、民间传说和风土人情等多元文化信息。皮影戏中使用的各个流派的大量剧目和剧本可以追溯到数百年前，被认为是一种无价的文化资产，有助于传播知识，提升文化价值。一千年来，皮影以悠长的音乐、动人的故事、明快的色彩和生动的表演赢得了观众的心。

选自《中国世界文化遗产：探究与传播》(英文版)，作者：汪涛。经翻译，有删改。

选自“中国非物质文化遗产网 · 中国非物质文化遗产数字博物馆”文章，有删改。

理解与练习

一、根据课文，判断下列信息是否正确

1. 2011 年，中国皮影戏被列入人类非物质文化遗产代表作名录。(　　)

2. 中国皮影戏属于比较古老的民间艺术形式，并不是宫廷艺术形式。(　　)

3. 中国皮影艺人都是专业人士，他们技艺高超，一个人可以操控好几个影偶，他们的技艺通过专门的皮影戏学习代代相传。(　　)

4. 很多皮影艺人不仅会表演、演奏各种乐器，还会雕刻皮影。(　　)

二、根据课文，回答问题

1. 中国皮影戏作为非物质文化遗产符合下面五个类别中的哪几个？为什么？结合课文内容进行解释说明。

类别	是否符合	原因
口头传统和表现形式	□是 □否	
表演艺术	□是 □否	
社会实践、仪式、节庆活动	□是 □否	
有关自然界和宇宙的知识和实践	□是 □否	

续表

类别	是否符合	原因
传统手工艺	□是 □否	

2. 皮影戏是怎么流传到国外的？皮影戏主要的传承方式是什么？

____

____

____

____

3. 皮影戏的表演形式有什么特点？完成下面的表格，并参照相关的表达形式，对其特点进行归纳。

表演场合	
表演方式（艺人、团体）	
表演道具	

“归纳概括”的参考句式：
……作为一种艺术表演形式，其特点可以从以下几个方面进行概括。
首先……，其次……，最后……

三、根据课文，完成表格

1. 熟读课文，并在表格中填写每段内容的要点。

序号	要点
①	
②	
③	

续表

序号	要点
④	
⑤	

2. 课文可以被划分为三部分，根据课文内容分段并概括。

部分	序号	概括内容
第一部分		
第二部分		
第三部分		

交流与实践

四、小组活动

小组成员查询相关资料（可参考“中国非物质文化遗产网·中国非物质文化遗产数字博物馆”），选出你们最感兴趣的一项“表演艺术”形式的非遗项目（不限国家和地区），参照表格中的示例，归纳概括其特点，并以小组为单位进行口头介绍。

项目	中国皮影戏（示例）	
定位	以皮制或纸制的彩色影偶形象，伴随音乐和演唱进行表演的戏剧形式	
表演形式	艺人在幕布后面一边操控影偶，并配以声乐，一边唱述故事	
传承方式	通过家庭、戏班或师徒进行传承	
价值与意义	①传递文化历史、社会信仰、口头传统、民间传说和风土人情等信息；②传播知识，提升文化价值	

课文五 丰富多样的“皮影”文化

生词表 03-05-01

1. 宫廷	gōngtíng	palace
2. 神圣	shénshèng	sacred; holy
3. 僧侣	sēnglǚ	Buddhist monk
4. 敬奉	jìngfèng	worship piously
5. 衰败	shuāibài	decline
6. 衰落	shuāiluò	fading; wane
7. 溶液	róngyè	solution
8. 工匠	gōngjiàng	craftsman; artisan
9. 晒制	shàizhì	dry in the sun
10. 依照	yīzhào	according to
11. 打谷场	dǎgǔchǎng	threshing floor/ground
12. 空旷	kōngkuàng	open; spacious
13. 说唱	shuōchàng	narrative and singing
14. 伴奏	bànzòu	accompany (with musical instruments)
15. 盛名	shèngmíng	great reputation
16. 国粹	guócuì	quintessence of a country
17. 演绎	yǎnyì	interpret; perform
18. 传入	chuánrù	spread to; be introduced into
19. 主体	zhǔtǐ	main body; principal part
20. 佳美兰	jiāměilán	Gamelan, a traditional Indonesian band with xylophones and gongs as its main instruments
21. 锣	luó	gong
22. 顶棚	dǐngpéng	ceiling
23. 帐篷	zhàngpeng	tent
24. 容纳	róngnà	accommodate; hold
25. 灵魂	línghún	soul
26. 视野	shìyě	view

27. 背诵	bèisòng	recite
28. 叙述	xùshù	narrate

专有名词

1.《罗摩衍那》	《Luómóyǎnnà》	*Ramayana*
2. 真腊	Zhēnlà	Chenla
3. 吴哥	Wúgē	Angkor
4.《摩诃婆罗多》	《Móhēpóluóduō》	*Mahabharata*

词语练习：选择合适的词语完成句子

神圣　敬奉　衰败　削弱　依照　空旷　工匠　国粹　容纳　灵魂　视野　背诵

1. 有的历史名城在漫长的岁月中慢慢 ________ 了，曾经的辉煌已不复存在。
2. 婚姻是 ________ 的，你要认真对待，不能把它当成儿戏。
3. 这个建筑原来是一个祠堂，当时是为了 ________ 一位民族英雄而修建的，如今大部分已被大火烧毁。
4. 我 ________ 父亲的遗言，将他所有的积蓄都捐给了希望工程。
5. 这是新建的小区，周边设施还没有建成，显得比较 ________ 。
6. 你的脚伤会 ________ 你的灵活性，比赛以前还是先治好旧伤吧。
7. 一个好 ________ ，不仅要有精湛的技术，还要有执着的精神。
8. 京剧是中国的 ________ ，历史悠久，是最具影响力的戏曲剧种之一。
9. 他的表演技巧精湛，但是缺少 ________ ，无法打动观众。
10. 出国留学不仅是为了获得知识，更是为了开阔 ________ ，增长见识。
11. 大家往往认为 ________ 就是死记硬背，其实它有很多技巧和方法。
12. 这个会场可以 ________ 1000 人，比较适合召开大型会议。

学习提示：

03-05-02

关于柬埔寨的“斯贝克—托姆”高棉皮影戏和印度尼西亚的皮影哇扬戏，你了解哪些内容呢？

“斯贝克—托姆”（Sbek Thom[①]）是一种以采用整张皮革制作皮影道具为特征，以

① “Sbek Thom”的字面意义是“大块皮革”。

印度古代史诗《罗摩衍那》为主要演出剧目的传统的高棉[1]皮影戏，流行于真腊吴哥王朝时期。“斯贝克—托姆”高棉皮影戏作为一种宫廷艺术，曾是当地三大神圣表演艺术之一，与僧侣一样受到大众的尊敬。此外，“斯贝克—托姆”高棉皮影戏也要伴随祭神仪式，祭神的表演只在一些特殊时刻举行，一年表演三到四次，例如高棉新年、国王生日或敬奉名人的日子。吴哥王朝衰败后，皮影戏也随之衰落，已经演化为一种保留着仪式规范的典礼性艺术形式。

“斯贝克—托姆”高棉皮影戏的影件近2米高，一般用整张牛皮制作而成。牛皮用Kandaol（树名）树皮溶液进行染色。工匠们将想要的形象画在晒制后的牛皮上，然后裁剪、上色，再系到两根竹棍上，以便舞者操作。依照传统习惯，表演在夜晚举行，地点一般选在打谷场或寺院旁边的空旷地带。一般的皮影剧团由10人组成，2人负责操纵皮影和说唱，其他人负责伴奏。表演剧目是用高棉语翻译的《罗摩衍那》，皮影戏一演就要持续好几晚，每场所用道具多达160件。目前，柬埔寨“斯贝克—托姆”高棉皮影戏主要由为数不多的皮影剧院表演。

选自《亚洲皮影艺术及其流派研究》，作者：唐睿。有删改。

选自“中国非物质文化遗产网·中国非物质文化遗产数字博物馆”文章，有删改。

在印度尼西亚，所有的戏剧形式都被称为“哇扬”（Wayang），而皮影哇扬戏（Wayang kulit）是当中最负盛名的一种，被称为“印尼国粹”。“yang”的意思是“祖先”或“神灵”，也有人认为它是“影子”的意思；“wa”是爪哇语的前缀，意思是“神圣”。合起来就是“神圣的祖先或影子”。皮影哇扬戏以牛皮制成的人偶象征神圣的祖先和神灵，并演绎祖先和神灵的故事。

一般认为，皮影哇扬戏起初是作为一种娱乐神灵的祭祖仪式而存在的，后来受到印度宗教与文化传入的影响，逐渐演变成完整的戏剧形式。时至今日，它仍然是当地许多宗教仪式和节日庆祝中的一个重要节目。除了现代的皮影哇扬戏之外，传统的皮影哇扬戏还以印度两大史诗《罗摩衍那》和《摩诃婆罗多》的故事作为主体。

现在，皮影哇扬戏的表演依然在延续一些固定的程序：演出以佳美兰乐队的乐音开始，乐队一般由25个音乐家组成，乐器包括各种锣、金属风琴和木琴。接下来，“达朗”（Dalang）开始皮影表演，表演通常在晚上开始，一直持续到第二天天明。会场可能是一个带顶棚的空间，或是一个更大的帐篷，以保证能容纳所有的参加者。

[1] 柬埔寨王国旧称“高棉”。

在印度尼西亚，将操纵皮影并用说唱的形式讲述故事的人称为“达朗”，达朗是皮影戏中的灵魂人物，要一个人控制皮影戏中所有的表演，兼任剧作家、演员、导演、演奏、祭司等。他需要拥有广阔的视野，记忆大量的故事，背诵许多古老的叙事诗歌，他通过皮影艺术将哲学的、道德的和审美的价值观传给下一代。著名的达朗往往来自传统的达朗家族，爪哇人的价值和信仰就通过这种家族传承的方式代代相传。

选自《印尼国粹　皮影哇扬戏》，作者：里特贝尔格博物馆。有删改。

理解与练习

一、根据课文，判断下列信息是否正确

1.“斯贝克—托姆”高棉皮影戏原来是一种宫廷艺术，后来变成典礼性的艺术形式。（　　）

2.“斯贝克—托姆”高棉皮影戏的传统剧目是以柬埔寨民间故事为基础的，因此要用高棉语进行表演。（　　）

3.“斯贝克—托姆”高棉皮影戏的影件需要用到整张牛皮，皮影戏设备移动方便，可以在任何地方进行表演。（　　）

4. 皮影哇扬戏是印度尼西亚戏剧形式中最有名的一种。（　　）

5.“哇扬”的意思可以解释为“神圣的祖先或影子”。（　　）

6. 印度尼西亚皮影师“达朗”在表演时需要一人身兼数职，是皮影戏的核心人物。（　　）

二、根据课文，回答问题

1.“斯贝克—托姆”高棉皮影戏和皮影哇扬戏是一种什么样的艺术？在发展过程中，是否发生过变化？参考下面的句式，分别对二者的发展变化做归纳概括。

参考句式：……是一种……，后来……，演化为 / 变化为……

“斯贝克—托姆”高棉皮影戏：

皮影哇扬戏：

2. “斯贝克—托姆”高棉皮影戏和皮影哇扬戏在表演上各有什么特点？完成下面的表格，对二者进行比较，并参照相关的表达形式，对其进行归纳概括。课文未提及的部分，可参考网上资料进行补充。

比较项目	“斯贝克—托姆”高棉皮影戏	皮影哇扬戏	比较
表演时间、地点			
表演方式			
表演剧目			
表演道具			

“归纳概括”的参考句式：
从……看，二者的共同点主要体现在……，不同点可以总结为……方面
首先……，其次……，最后……
与……相比 / 相较于……，……最突出的表演特色是……

交流与实践

三、小组活动

现代娱乐的冲击，是传统皮影艺术在传承过程中面临的一大问题。对此你们有什么建议？请在中国皮影戏、“斯贝克—托姆”高棉皮影戏以及皮影哇扬戏中选择一项，跟同伴一起检索相关资料，归纳概括政府组织或民间团体对皮影文化的保护措施，并谈谈对这一问题的看法，最后派一个代表发言。

皮影戏	
相关保护措施	

续表

评价或建议	
参考文献及网站	

四、拓展实践

和小组成员组建一支“申遗团队”，选择一个非物质文化遗产项目，结合文献资料及相关网站（如“中国非物质文化遗产网·中国非物质文化遗产数字博物馆”），并参考课文的结构，写一份非物质文化遗产项目申报书。

撰写申报书时，请插入相关图片，使项目申报书更加具有说服力。

申报非物质文化遗产项目名称：____________________
【参考文献】(包括网站)

本单元学习评估：复习所学，及时总结

使用康奈尔笔记法有效地记笔记，并定期复习，提高学习效率。

（记下关键词、重点句和问题）	（记录授课内容）
（写下对本课所学的反思以及对重要问题的回答）	

学术场景 II："回归"人工翻译

学习目标

- 了解机器翻译的现状
- 分析复杂从句和关联词在翻译中的逻辑问题
- 理清翻译中的回指问题

技能训练

- 训练一：发现机器翻译存在的问题
- 训练二：处理好翻译中的从句和关联词
- 训练三：处理好翻译中的代词回指
- 训练四："回归"人工翻译

热身

下面的表格中是我们常用的在线机器翻译软件，你知道它们吗？在你的学习过程中，你还常用什么软件进行翻译？（表格中没有的可以补充）你认为你使用的在线翻译软件都有哪些优缺点？

Google 翻译	Windows Live 在线翻译	百度翻译	爱词霸翻译
搜狗翻译	360 翻译	有道翻译	其他：________

你常用的在线翻译软件	优点	缺点

线上小课堂 03-06-01

学习慕课《通用学术汉语・人工翻译？机器翻译？》，了解机器翻译的背景知识。

机器翻译的背景知识

机器翻译又称为自动翻译，是通过计算机将源语言转换为目标语言的过程。从最初的词汇型、语法型、语义型一直到现在的智能型，机器翻译走过了很长一段发展道路。

机器翻译是计算语言学的一个分支，是人工智能的终极目标之一，具有重要的科学研究价值，也具有重要的实用价值。随着经济全球化及互联网的飞速发展，机器翻译技术在促进政治、经济、文化交流等方面起到越来越重要的作用。

现有的机器翻译系统的处理过程都包括以下步骤：对源语言的分析或理解，在语言的某一平面进行转换，按目标语言结构规则生成目标语言。

近年来，人工智能的发展受到了世界的关注，神经网络机器翻译成为大家竞相研究的课题。

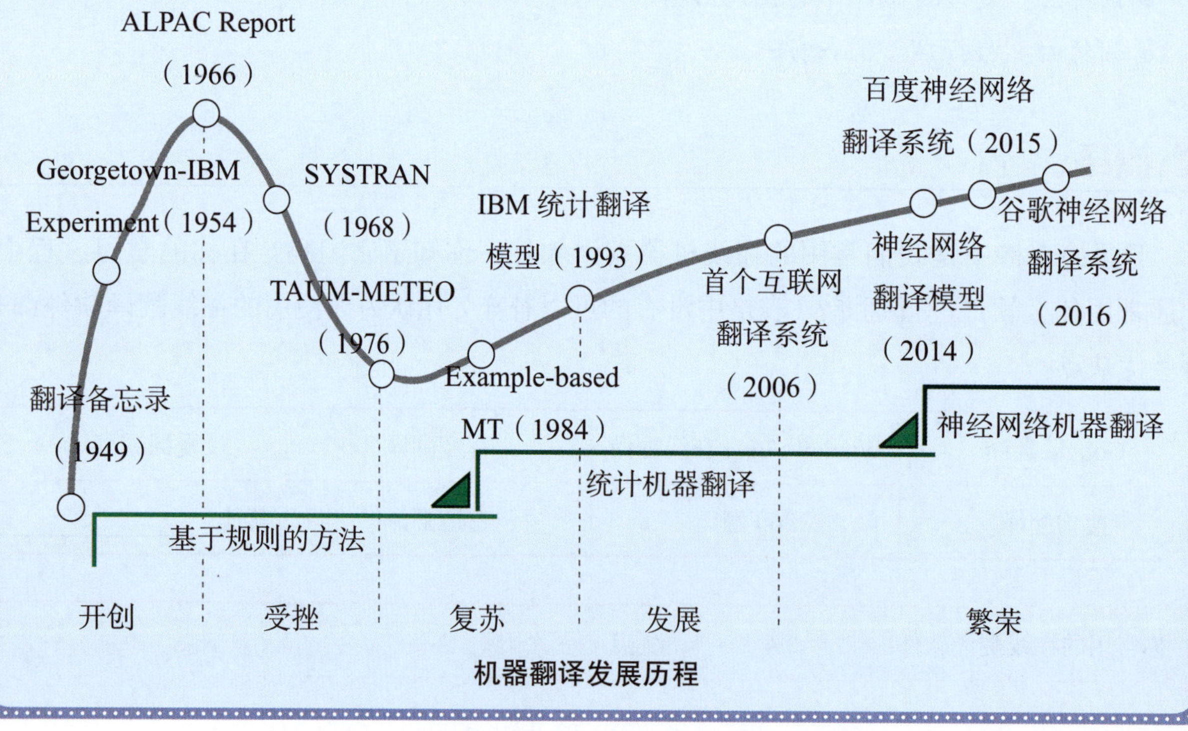

机器翻译发展历程

训练一：发现机器翻译存在的问题

学习提示：在进行在线机器翻译的过程中，必然会产生一些错误，试着列举一两个自己遇到过的错误，并尝试分析产生错误的原因。

实例 1：

原文 （汉语）	
错误译文 （你的母语）	
错误原因	
正确翻译	

实例 2：

原文 （英语）	
错误译文 （你的母语）	
错误原因	
正确译文	

线上小课堂 03-06-02

学习慕课《通用学术汉语·人工翻译？机器翻译？》，了解在翻译过程中如何处理语篇中的从句和关联词。

翻译过程中需要注意的从句和关联词问题

英语在从句的使用和关联词的衔接上跟汉语存在一些差别。英语不仅可以在简单句中使用很长的修饰语使句子变长，而且也可以用从句使句子变复杂，这些从句往往通过从句引导词与主句或其他从句连接，整个句子尽管表面上看错综复杂，却是一个整体。而汉语本来就喜欢用短句，加上表达结构相对松散，因此英语句子中较长的从句在翻译成汉语时，往往可以分解为一些小的分句。

英语中的定语从句都隐含着原因、条件、目的、结果、转折、让步等关系，在翻译成汉语时要理顺其中隐含的逻辑关系。

有时候英语中的“and”和“but”在汉语中对应不同的关联词，转折和递进等不同的逻辑关系在翻译时也要考虑清楚，在不同的篇章中需要采用不同的翻译方式，不能简单地翻译成“和”“但是”。

训练二：处理好翻译中的从句和关联词

学习提示：从句和关联词一直是一个比较复杂的翻译问题。试着人工翻译以下语段，然后再用在线翻译软件翻译一下，比较哪种翻译结果从逻辑上来说更为准确。

翻译任务 1：

生物学专业二年级的学生马克最近遇到了一个难题，在一篇英文文献中有这么一段话：

I propose to offer a theory which, as far as I am aware, has not previously been set forth: that only those animals capable of speech are capable of laughter; and that therefore the human, being the only animal that speaks, is the only animal that laughs.

他看到了 1 个“which”和 3 个“that”，可是怎么翻译才好呢？“which”指的是“哪个”？ that 是说“那个”？“哪个”是“那个”啊？

你可以帮助马克理清楚这些词语之间的逻辑关系吗？帮助马克把这段话翻译一下。

人工翻译：

机器翻译：

翻译任务 2：

玛丽是汉语言文学专业的一年级学生，她需要翻译下面三个句子：

（1）He is lazy and his brother is hard-working.

（2）They think I am the boss sometimes, and I don't always tell them that they've made mistakes.

（3）It never rains but it pours.

玛丽遇到的难题是："and"是汉语的"和"或者"而且"，"but"是汉语的"但是"，可是翻译出来怎么这么别扭呢？

帮玛丽翻译一下，如果觉得难度太大，可以使用机器翻译。

（1）人工翻译：

机器翻译：

（2）人工翻译：

机器翻译：

（3）人工翻译：

机器翻译：

线上小课堂 03-06-03

学习慕课《通用学术汉语·人工翻译？机器翻译？》，了解在翻译过程中如何处理语篇中的回指问题。

在翻译中需要注意回指问题

回指是一种语言现象，即用一个语言表达式来指代同一篇章中另一个语言表达式所表达的事物或意义。

英语和汉语在回指上存在较大的差别。英语语篇中的人称代词回指使用频率要远远高于汉语语篇。而汉语中常常使用的回指有代词回指、名词回指和零形回指。

英语中“it”的用法也比较复杂，可用作人称代词、非人称代词、先行词及引导词等，翻译成汉语时要尤为注意。例如：

①用作人称代词时，用来指代事物、动物等，可以根据上下文适时地翻译成“它”。

②用作非人称代词时，用来指气候、时间、季节、距离、地点、环境等，因此可以用“现在”“路程”这样的词语进行翻译。

③用作先行词时，以形式主语或形式宾语的形式指代不定式、动名词或名词性从句，可以用“对……来说”这样的结构进行翻译。

④用于引导强调句型“it is...that/who...”，可以翻译为“就是”“正是”等。

训练三：处理好翻译中的代词回指

学习提示：在翻译时，回指也是一个难题。试着人工翻译以下语段，然后再用在线翻译软件翻译一下，比较哪种翻译结果从逻辑上来说更为准确。

翻译任务 3：

这是一篇关于某家公司的介绍。

The reasons for Disney's success are quite a lot, but ultimately the credit belongs to one person—the man who created the cartoon and built the company from nothing, Walt Disney. Ironically, he could not draw particularly well. But he was a genius in other aspects. In business, his greatest skills were his insight and his management ability. After setting himself up in Hollywood, he single-handedly pioneered the concepts of branding and merchandising—something his company still does brilliantly today.

在这里出现了 8 个跟"他"有关的词语，在翻译时，应该分别怎样处理呢？请特别注意这些词语，完成对这段话的中文翻译。

人工翻译：
机器翻译：

翻译任务 4：

我们在阅读英文文献时，会看到很多文章中较频繁地出现" it"这个词。这是一个看起来简单，却往往很难把握的词。

当你在翻译这样的词语时，你一般会怎么处理呢？通过下面的语句翻译练习，总结你的成功经验。

原文	翻译
It is a long lane/road that has no turning.	人工翻译： 机器翻译：
One man draws out the wire, another straights it, a third cuts it, a fourth points at it, a fifth grinds it at the top.	人工翻译： 机器翻译：
It is because of such criticisms that there has been an increasing influence in political rhetoric and legislation of free-market theories of organization and society.	人工翻译： 机器翻译：

续表

原文	翻译
One might be tempted to say that paintings preserve a moment. Yet, on reflection, this is obviously untrue. The moment of a painting, unlike that of a photograph, never existed as such. And so, a painting cannot be said to preserve it. If a painting "stops" time, it is not, like a photograph, preserving a moment of the past from the supersession of succeeding moments.	人工翻译： 机器翻译：

线上小课堂 03-06-04

学习慕课《通用学术汉语·人工翻译？机器翻译？》，了解翻译的基本要求，学习在机器翻译的基础上，使用人工翻译进行修改，让翻译更加准确、高效。

翻译的要求

翻译主要有两条准则，第一是忠实，第二是通顺。

忠实就是说要把原文的信息完整而准确地表达出来，使译文读者得到的信息与原文读者得到的信息相同。在用词上，翻译要讲究精准到位。要做好翻译，不能简单地靠词汇量的积累，还要精通词语的深层含义。

通顺指的是译文规范、明白易懂，没有文理不通、结构混乱、逻辑不清的现象。在翻译时，整体结构的严谨性非常重要，要符合行文以及语言逻辑的要求。此外，还要关注上下文的衔接，在表达的时候要斟酌细节，保证句子与句子之间的联系自然通顺。

除此之外，在翻译时也要注意词语的运用，在保证意思准确、句式通顺、结构合理的前提下，让译文更加雅致，带给人美的感受。

训练四："回归"人工翻译

学习提示：现阶段机器翻译还有很多需要改进的地方，所以在翻译的时候只能拿来作为一种参考，要让翻译真正做到"信达雅"，我们仍然需要进行一些人工处理。

翻译任务 5：

下面这段英语文章使用了在线机器翻译，汉语译文显然存在很多问题。请大家回归人工翻译，基于自己的理解，将这段文章翻译得更加准确通顺。

提示：注意对文中"and""that"和"it"的处理，分析其中的逻辑关系，使用恰当的汉语词语进行翻译。

The ideal companion machine—the computer—would not only look, feel, and sound friendly but would also be programmed to behave in a pleasant manner. Those qualities that make interaction with other people enjoyable would be imitated as closely as possible, and the machine would appear to be charming and easygoing. Its informal conversational style would make interaction more comfortable, and yet the machine would remain slightly unpredictable and therefore interesting. In its first encounter, it might be somewhat hesitant, but as it came to know the user, it would progress to a more relaxed and intimate style. The machine would not be a passive participant but would add its own suggestions, information, and opinions; it would sometimes take the initiative in developing or changing the topic and would have a personality of its own.

理想的配套机器……计算机……不仅外观、感觉和声音友好，而且会被编程为以愉快的方式行事。那些使与他人的互动变得愉快的品质将被尽可能地模仿，而这台机器将显得迷人、随和。它的非正式对话风格会使交互更加舒适，但机器仍会有点儿不可预测，因此很有趣。在第一次遇到它时，它可能会有些犹豫，但当它了解用户时，它会发展到一种更轻松、更亲密的风格。机器不是被动参与者，而是添加自己的建议、信息和意见；它有时会主动发展或改变主题，并有自己的个性。

人工翻译译文：

翻译任务 6：

翻译以下语段。先借助机器翻译，然后进行人工修改。注意对连词、代词和从句的理解及翻译。通过以下练习，及时总结自己在翻译过程中的成功经验。

（1）It is true that in this country we have more overweight people than ever before, and that, in many cases, being overweight correlates with an increased risk of heart and blood vessel diseases.

译文：

（2）Davidson's article is one of a number of pieces that have recently appeared making the point that the reason we have such stubbornly high unemployment and declining middle-class incomes today is largely because of the big drop in demand because of the Great Recession, but it is also because of the advances in both globalization and the information technology revolution, which are more rapidly than ever replacing labor with machines or foreign workers.

译文：

（3）On the whole, such a conclusion can be drawn with a certain degree of confidence, but only if the child can be assumed to have had the same attitude towards the test as the other with whom he is being compared, and only if he was not punished by the lack of relevant information which they possessed.

译文：

（4）Yet Walzer's argument, however deficient, does point to one of the most serious weaknesses of capitalism—namely, that it brings to predominant positions those people who, however legitimately they have earned their material rewards, often lack those important qualities which evoke affection or admiration.

译文：

（5）There is no more difference, but there is just the same kind of difference, between the mental operations of a man of science and those of an ordinary person, as there is between the operations and methods of a baker or of a butcher weighing out his goods in common scales, and the operations of a chemist in performing a difficult and complex analysis by means of his balance and finely graded weights.

译文：

（6）Few changes in the domestic American economy in the postwar period appear to me to be as significant and as inadequately recognized, particularly by national policy makers, as those changes—heavily influenced by technology—which increasingly bind the domestic economy to the rest of the world, and make it a more dependent sub-element of a larger and more powerful economic system.

译文：

及时总结：

根据你翻译的实际经历和相关知识，总结处理常见翻译问题的成功经验，和大家一起分享。

英文的词语或语段	相应的中文表达	中英文翻译中的常见处理方法或基本原则

本课学习评估：复习所学，及时总结

使用康奈尔笔记法有效地记笔记，并定期复习，提高学习效率。

（记下关键词、重点句和问题）	（记录授课内容）

（写下对本课所学的反思以及对重要问题的回答）

第四单元

人见人爱的年画

生活的奥秘存在于艺术之中。

——王尔德

The mystery of life exists in art.

—Oscar Wilde

学习目标

学术技能：论证

- 了解论证的方式和类型。
- 掌握如何选择合适的论证方式来表达观点。
- 学会运用不同的论证方法。

语言技能

- 听：理解论证的定义和目的。
- 说：通过论证的基本结构来表达自己的论点。
- 读：根据论证的基本思路，梳理文章的基本结构。
- 写：掌握不同论证类型的写作方法。

热身

达·芬奇的《蒙娜丽莎》是西方艺术中最具神秘感和标志性的作品之一，这幅作品激发了很多艺术家的再创作热情。你认为下面四幅作品还是真正的艺术吗？

《带胡须的蒙娜丽莎》

《立体主义的蒙娜丽莎》

《十二岁的蒙娜丽莎》

《彩色的蒙娜丽莎》

你觉得最有创意的是哪幅？检索其中一幅作品的相关资料，说说你的想法。

1. 马塞尔·杜尚：《带胡须的蒙娜丽莎》

____

2. 让·麦琴格：《立体主义的蒙娜丽莎》

____

3. 费尔南多·博特罗：《十二岁的蒙娜丽莎》

____

4. 安迪·沃霍尔：《彩色的蒙娜丽莎》

____

学习慕课《通用学术汉语·向阿加莎致敬!》，了解有关“论证”的基本知识。

论证的目的、作用和基本要素

论证的目的：论证的目的就是用理性的方法说服目标受众接受论证者的主张、立场、观点和看法，或者接受论证者倡导的行动规则。人类有史以来一直在研究论证的技巧，像苏格拉底的“回答法的论证技巧”、亚里士多德的“《工具论》中的三段论理论”，还有中国古代的论证理论、古印度的因明论等。其实不管是书面论证还是口头论证，都需要关注生活中的论证实体。论证可以通过合理的推理和证据，使目标受众理解并接受论证者所表达的观点。

论证的作用：论证是运用论据证明论点的逻辑过程和方式，我们所说的批判性思维最核心的组成部分是识别、评价、论证，科学论证有助于发现和解释真理性的东西，有助于表达或宣扬真理。论证是确立科学理论的必要手段，也是人际沟通的重要手段。

论证的三个基本要素：一个简单的论证包括最基本的三个要素——主张、理由和支持。主张就是提出的观点或者表明的看法；理由就是论证中的依据，用事实理由或者理论理由来证明主张；而支持就是论证过程中所采用的推理形式。

课文一　人见人爱的年画

生词表 04-01-01

1. 年画	niánhuà	New Year picture
2. 张贴	zhāngtiē	put up
3. 点缀	diǎnzhuì	decorate; adorn
4. 随处	suíchù	everywhere
5. 作坊	zuōfang	workshop
6. 地域	dìyù	region
7. 馈赠	kuìzèng	give sb. sth. as a gift

专有名词

1. 李光庭	Lǐ Guāngtíng	Li Guangting, a writer in Qing Dynasty
2. 杨柳青	Yángliǔqīng	Yangliuqing
3. 桃花坞	Táohuāwù	Taohuawu
4. 杨家埠	Yángjiābù	Yangjiabu

词语练习：选择合适的词语完成句子

张贴　点缀　作坊　随处　馈赠　地域

1. 不论是小的 ________，还是大的企业，都承受着前所未有的经济压力。
2. 有些曾经 ________ 可见的鸟类现在却日益稀少。
3. ________ 春联是最有春节仪式感的习俗之一。
4. 建筑风格会受到 ________ 文化的影响。
5. 坦然接受生活对你的 ________，不管是好的还是坏的。
6. 无数颗星星像夜明珠一样 ________ 在夏天的夜空中。

学习提示： 04-01-02

我们将听到一段跟中国传统年画历史有关的短文，请注意细节信息。

理解与练习

一、听第一遍录音，判断下列信息是否正确

1. 年画起源于唐宋时期，发展于明清时期。(　　)

2. 在宋代，年画被称为“纸画”。(　　)

3. 所有种类的年画都是非物质文化遗产。(　　)

4. 在现代生活中，年画依然能够赢得不少年轻人的喜爱。(　　)

二、听第二遍录音，补充信息，并总结课文是如何论证“年画是中国所特有的一种艺术形式”的

________________ → 年代

________________ → ○ → 年画是艺术品

________________ → 市场

总结：________________

交流与实践

三、拓展实践

阅读短文后完成表格。

1. 每个人都有自己的生活方式。醉生梦死，花天酒地，是生活方式；忘我工作，无私奉献，也是生活方式。无所事事，浑浑噩噩，是生活方式；自强不息，锐意进取，也是生活方式。未老先衰，坐吃山空，是生活方式；老而弥坚，与时俱进，也是生活方式。各有千秋，各具特色，不可强求统一，但这形形色色的生活方式确有高下优劣之分。

——选自《李政道的生活方式》

2. 1949年，当新中国成立的消息传到大洋彼岸时，华罗庚非常兴奋，他立即意识到，自己报效祖国的机会到了！于是，他和妻子商量后，毅然放弃了在美国的优越生活，于1950年回到国内，准备用自己所学来助祖国腾飞。华罗庚的这一决定在当时引起了不小的轰动，大家都不由得对他刮目相看。华罗庚平静地回答道："一个人只有踏实做事，不慕浮华，才是做人的基本准则。"

——选自《不慕浮华的华罗庚》

短文	论点	论证的内容	论证方法
短文1		反面生活方式1：醉生梦死，花天酒地 正面生活方式1：忘我工作，无私奉献 反面生活方式2： 正面生活方式2： 反面生活方式3： 正面生活方式3：	对比论证
短文2	一个人只有踏实做事，不慕浮华，才是做人的基本准则		举例论证

课文二　北方的蒙娜丽莎

生词表 04-02-01

1. 拍摄	pāishè	film; take a picture or a video
2. 视角	shìjiǎo	perspective
3. 轰动	hōngdòng	cause a sensation; make a stir
4. 无疑	wúyí	not be doubted
5. 扑朔迷离	pūshuò-mílí	complicated and confusing
6. 令人心动	lìng rén xīndòng	impressive; amazing
7. 闻名于世	wénmíng yú shì	be world-famous
8. 光芒	guāngmáng	rays of light
9. 若有若无	ruò yǒu ruò wú	not much; if any
10. 诡异	guǐyì	strange; quirky
11. 晕涂法	yùntúfǎ	sfumato, a drawing method of making the painting blurry or shadowy
12. 赞叹	zàntàn	highly praise
13. 希冀	xījì	hope
14. 魅力	mèilì	charm

专有名词

1. 彼得・韦伯	Bǐdé Wéibó	Peter Webber, a British film director
2. 维米尔	Wéimǐ'ěr	Johannes Vermeer, a Netherlandish painter
3. 奥斯卡金像奖	Àosīkǎ Jīnxiàngjiǎng	Academy Awards (Oscar)
4. 戈施耶德	Gēshīyēdé	a Netherlandish artist

词语练习：选择合适的词语完成句子

无疑　轰动　视角　扑朔迷离　赞叹　魅力　拍摄　闻名于世

1. 最近热映的那部电影是根据一个真实的故事 ________ 的。
2. 上个月发生的盗窃案至今依旧 ________，警方还在全力侦查。
3. 有关这个女演员的消息在网上发布后，________ 了整个演艺圈。

4. 我们需要一位富有 ________ 的主持人来主持这个新节目。
5. 王羲之的书法 ________，古今中外很多人都在试着模仿他的笔迹。
6. 万里长城是令人 ________ 的伟大奇迹。
7. 人们对《蒙娜丽莎》这幅画的解读往往出自不同的 ________。
8. 你在这么多人面前批评他的作品，________ 会让他更加伤心。

学习提示： 04-02-02

课文中用类比的方法对维米尔和达·芬奇的两幅名画做了比较，看看这两幅杰作有哪些异同。

2003 年，英国导演彼得·韦伯根据荷兰画家维米尔的油画名作《戴珍珠耳环的少女》拍摄了同名电影。电影上映后，独特的故事视角、油画般的色调、伤感的背景音乐让影片轰动一时，甚至获得了第 76 届奥斯卡金像奖最佳服装、最佳艺术指导等多项提名。电影的传播力量和影响无疑让大众再次把目光聚集在这位十七世纪荷兰黄金时期的伟大画家——维米尔身上。这幅画作本身并不大，只有 46.5 厘米 × 40 厘米，荷兰艺术评论家戈施耶德曾把这幅作品喻为“北方的蒙娜丽莎”[①]，原因之一是两幅作品的女主人公都具有谜一样的神秘身份，且都与画家的关系扑朔迷离，几个世纪以来争论无数。另一个原因是两幅作品都同样以令人心动的微笑闻名于世，只是维米尔画中少女的微笑更加清纯甜美，眼中透着珍珠一样闪亮的光芒，而蒙娜丽莎的微笑若有若无，不论是从哪个方向看，她都在微笑，有点儿神秘诡异，甚至有科学家通过 X 光分析，发现达·芬奇在创作《蒙娜丽莎》时使用了“晕涂法”[②]，整幅画融合了共 40 层超薄油彩，不同油彩营造出蒙娜丽莎嘴角的模糊和阴影效果，微笑之谜已经成为世界未解之谜。而维米尔的作品更注重光与影的自然融合，画中少女呈现在明暗之间，画面达到一种微妙的平衡，韵味悠长。

两幅作品都出自绘画大师之手，观众在欣赏时，除了赞叹画作本身的精妙技艺，也会对画作中神秘微笑的女主人公充满好奇，这会激发观众的想象力和对美好生活的希冀，应该说这想象的空间更是两幅画作的魅力所在。

---

① 周冉 .《戴珍珠耳环的少女》 永不离家的北方蒙娜丽莎 [J]. 国家人文历史，2014（18）：115.

② 中国新闻网 . 科学家揭蒙娜丽莎微笑之谜：“晕涂法”的错觉效应 [EB/OL].（2015-08-24）[2022-04-28]. https://www.chinanews.com.cn/cul/2015/08/24/7484887.shtml.

理解与练习

一、根据所给关键词语和句式复述课文

1. 英国导演　根据　《戴珍珠耳环的少女》　拍摄　电影

2. 上映后　独特的　油画般的　伤感的　获得了……提名

3. 荷兰艺术家　把……喻为……　原因之一　身份

4. 出自……之手　除了……也……　赞叹　充满好奇

二、根据课文，回答问题

1. 英国电影《戴珍珠耳环的少女》引起轰动的原因是什么？

____

____

____

2. 戈施耶德把《戴珍珠耳环的少女》比作“北方的蒙娜丽莎”的原因是什么？

____

____

____

3. 课文中说《戴珍珠耳环的少女》和《蒙娜丽莎》都给人留下了很大的想象空间，这也是两幅作品的魅力所在，你赞同这个观点吗？你的理由是什么？

____

____

____

三、根据课文，小组（2～3人）讨论后补全表格，并归纳两幅画作的异同点

相同点		不同点	
（1）主人公身份		（1）神态	
（2）与画家的关系	扑朔迷离	（2）创作地点	
（3）		（3）	

交流与实践

四、拓展实践

下面两幅作品分别是美国艺术家安迪·沃霍尔的《玛丽莲·梦露》和日本漫画家奈良美智的《背后藏刀》，请检索两幅作品的背景资料，完成表格，并口头概括作品魅力所在。

序号	比较项	《玛丽莲·梦露》	《背后藏刀》
1	作品主人公	玛丽莲·梦露	
2	创作背景		
3	作品象征意义		
4	创作风格		
5	作品拍卖价		

你的观点：

____

____

____

五、小组活动

下面所列的艺术品一直以来都有很大争议，很多人不认可这是艺术品，请讨论小组选择其中一幅作品，查询资料后用事例、数据、引用专家观点等方法，开展“是否是艺术品？”的辩论会。

1. 马塞尔·杜尚的《喷泉》
2. 毕加索的《格尔尼卡》
3. 波洛克的《薰衣草之雾：第一号》
4. 达明·赫斯特的《生者心智中肉身死亡的不可能性》

线上小课堂 ▶ 04-02-01

学习慕课《通用学术汉语·向阿加莎致敬！》，了解论证的类型。

论证的类型

论证类型：按照论证所使用的推理方式，可以把论证分为演绎论证和广义归纳论证，而广义归纳论证的范围很广，典型的包括归纳论证、因果论证、类比论证等。

- 归纳论证：一种由特殊到一般的论证方法，通过许多个别的事例或者分论点，归纳出它们所共有的特性，从而得出一个一般性的结论。
- 因果论证：一种揭示因果联系的论证方法，前提或结论涉及对因果关系的认识，包括从因到果、从果到因以及从相关到因果的论证。
- 类比论证：一种通过已知事物与跟它有某些相同特点的事物进行比较类推，从而证明论点的论证方法。
- 其他论证类型：除了上述常用的归纳论证、因果论证、类比论证之外，还有统计论证、实践论证等。

要熟悉论证的结构和论证分析的方式，一般情况下，如果语段中出现了明显的论证标志词，此段内容就可能与论证相关，这些标志词就叫“提示词”。论证提示词一般分为两类，一类是前提提示词，一类是结论提示词。

课文三　梵高的鞋

生词表 04-03-01

1. 短暂	duǎnzàn	short; brief
2. 坎坷	kǎnkě	full of frustrations
3. 巅峰	diānfēng	peak
4. 材质	cáizhì	texture
5. 色调	sèdiào	tone; hue
6. 器具性	qìjùxìng	instrumental
7. 具象	jùxiàng	concrete
8. 捍卫	hànwèi	defend
9. 尊严	zūnyán	dignity
10. 生涯	shēngyá	career
11. 写照	xiězhào	portrayal
12. 归属	guīshǔ	belong to
13. 帷幕	wéimù	heavy curtain
14. 解构主义	jiěgòu zhǔyì	deconstruction
15. 批判	pīpàn	criticize
16. 经验主义	jīngyàn zhǔyì	empiricism

专有名词

1. 梵高	Fàngāo	Vincent van Gogh
2. 海德格尔	Hǎidégé'ěr	Martin Heidegger
3. 夏皮罗	Xiàpíluó	Meyer Schapiro
4. 德里达	Délǐdá	Jacques Derrida

词语练习：选择合适的词语完成句子

生涯　写照　色调　材质　捍卫　短暂　坎坷　巅峰　尊严

1. 杭州之旅虽然 ________，但是给我留下了深刻的印象。
2. 制作学术类的演示文稿要特别注意 ________，以免让人产生眼花缭乱的感觉。
3. 这种布料的 ________ 不错，不仅亲肤，而且十分牢固。

4. 2003 年 4 月 16 日，著名球星乔丹的职业 ________ 结束了。
5. 这幅画是庄园秋天的真实 ________。
6. 我们要 ________ 正义，与邪恶做斗争。
7. 这位杰出的企业家在他事业的 ________ 时期选择退休，让人不能理解。
8. 人生的路本来就 ________ ，但只要坚持、努力，总能渡过难关。
9. 这件事关系到国家的 ________ ，我们绝对不能妥协。

学习提示： 04-03-02

课文中三位不同的评论家阐述了对梵高画作的观点，阅读时注意他们的不同阐述角度。

荷兰天才画家梵高的一生短暂而坎坷，却最终站上了艺术的巅峰，并深深影响了 20 世纪的艺术。梵高所画的《鞋子》系列共有 8 幅作品，虽不如他的《向日葵》《自画像》《星空》等作品那么有影响力，但这个《鞋子》系列却让不少哲学家、艺术史学家把“这几双鞋”的地位抬高到了哲学的、美学的、心理学的、艺术方法论的高度，而且说法不一，争论不断。

海德格尔是首先对梵高的《一双带有鞋带的旧鞋》做出讨论的理论家，他其实并不关心这幅画的使用技法、材质与色调，他关心的问题与绘画本身无关，而是在为梵高所画的鞋子找一个主人。在海德格尔眼中，这双鞋属于一个农妇，这双鞋还带有泥土的味道，这双鞋证明了艺术作品的器具性存在。而夏皮罗是从艺术史学家的角度出发，他不认为鞋子是某种哲学体现，鞋子仅仅是也只能是一件具象物品的体现——鞋子只是梵高本人的鞋。夏皮罗捍卫了一件艺术作品最初的尊严，艺术作品不是哲学家的工具，它只是画家绘画生涯的真实写照。

在海德格尔与夏皮罗的鞋子归属之争还未落下帷幕之时，另一位学者德里达对梵高的《一双带有鞋带的旧鞋》提出了新的看法。德里达从解构主义理论原则出发，批判了海德格尔与夏皮罗经验主义的问题，他认为梵高所画的鞋子并没有归属，农妇的？还是梵高本人的？一双，还是两只都是左脚？在他进行的论证中，可以解放一切被束缚的意义，呈现艺术多样化的面貌。

从三位学者的争论中可以看出，随着后现代艺术的持续发展，我们观看艺术作品的方式也在逐渐发生变化。

选自《艺术的理论与哲学：风格、艺术家和社会》，
作者：夏皮罗，沈语冰、王玉冬译。有删改。

理解与练习

一、根据课文，判断下列信息是否正确

1. 梵高的其他作品没有受到争议。(　　)

2. 海德格尔认为《一双带有鞋带的旧鞋》中的鞋子属于一个农妇。(　　)

3. 夏皮罗是从艺术史学家的角度出发，他不认为鞋子是某种哲学体现，而是一件具象物品的体现。(　　)

4. 人们对经典画作的看法不会随着艺术的发展而变化。(　　)

二、根据课文，回答问题

1. 梵高的《鞋子》系列作品虽不如他的《向日葵》《自画像》《星空》等作品那么有影响力，但却让很多哲学家、艺术史学家等关注的原因是什么？

____

____

2. 搜索关键词“解构主义”和“经验主义”，分别给这两个主义下定义。

____

____

三、课文中出现的三位学者对梵高所画的《鞋子》系列产生了争议，梳理三位学者的观点，进行归纳并得出结论

海德格尔：

①并不关心绘画本身

②

夏皮罗：

①从艺术史学家的角度出发

②

德里达：

①

②

关于梵高《鞋子》系列的争论，你更支持谁的观点？说明理由。

____

____

____

____

交流与实践

四、拓展实践

一千个读者眼中会有一千个哈姆雷特，因此在欣赏一幅画作时，不同的欣赏者会有不同的感受。下面是俄罗斯抽象主义大师瓦西里·康定斯基2021年拍卖出2122万英镑的《缓和的张力》，搜集不同评论家关于这幅画的观点，按照归纳论证的方式完成表格。

观点一	观点二	观点三
评论家：________	评论家：________	评论家：________
结论：		

课文四 《只此青绿》入画《千里江山图》

生词表 04-04-01

1. 点赞	diǎnzàn	give a like; give a thumbs-up
2. 流转	liúzhuǎn	change
3. 蕴藏	yùncáng	contain
4. 翩若惊鸿	piānruòjīnghóng	(of a woman, a dancer) move briskly and gracefully
5. 编排	biānpái	arrange and rehearse
6. 传世	chuánshì	hand down for generations
7. 美轮美奂	měilún-měihuàn	magnificent; spectacular
8. 水墨画	shuǐmòhuà	Chinese ink wash painting
9. 领衔	lǐngxián	lead a cast
10. 真容	zhēnróng	true features
11. 收藏界	shōucángjiè	collection world
12. 屈指可数	qūzhǐ-kěshǔ	can be counted with one's fingers
13. 惯例	guànlì	convention
14. 题跋	tíbá	preface and postscript
15. 赏心悦目	shǎngxīn-yuèmù	appealling
16. 磨制	mózhì	grind
17. 昂贵	ánggui	expensive

专有名词

1.《千里江山图》	《Qiānlǐ Jāngshān Tú》	*A Panorama of Rivers and Mountains*
2. 王希孟	Wáng Xīmèng	Wang Ximeng, a painter in the early Song Dynasty
3. 宋徽宗	Sòng Huīzōng	Emperor Huizong of Song Dynasty
4. 蔡京	Cài Jīng	Cai Jing, a prime minister in the Song Dynasty

词语练习：选择合适的词语完成句子

水墨画　惯例　赏心悦目　蕴藏　领衔　屈指可数　昂贵　编排　点赞

1. 虽然今天是她的生日，不过你送的礼物也太 ________ 了，她能接受吗？
2. 宇宙空间无限大，________着很多奥秘。
3. 在我的微信朋友圈里，用真实姓名的人 ________。
4. 由她 ________的中国跳水队为国家赢得了很多荣誉。
5. 春天来了，走在西湖边，看着美景，让人 ________。
6. 按照我们家的 ________，每到端午节、中秋节，全家都会去看望爷爷奶奶。
7. 这位 ________ 大师出生于苏州，他的作品一直为世人所称赞。
8. 她编了一段新春祝福语，大家看了后都为她 ________。
9. 这个舞蹈经过张老师的重新 ________，演出效果特别好。

学习提示：

04-04-02

课文使用了因果论证的方法说明春晚舞蹈节目《只此青绿》让更多人知晓《千里江山图》，请仔细阅读，并注意细节信息。

2022 年春晚舞蹈《只此青绿》红极一时，《人民日报》点赞："900 年前的《千里江山图》呈现在舞台上，时光流转，中国人的文化自信蕴藏于翩若惊鸿间。"这支舞蹈的编排灵感正是来源于中国"十大传世名画"之一的《千里江山图》，因此有人说《只此青绿》翻红了《千里江山图》。其实更准确地说，应该是《只此青绿》入画《千里江山图》，用美轮美奂的方式走进了王希孟的山水世界。

其实《千里江山图》的广泛传播并非从春晚舞蹈开始。我们回顾一下，早在 2008 年北京奥运会开幕式上，这幅名作已经作为中国水墨画的代表展示给世界了；另一次闪亮登场是在 2017 年北京故宫博物院举办的"中国古代青绿山水书画展"上，其中领衔的作品就是北宋王希孟创作的《千里江山图》长卷，当时盛传观众需要排队三个小时才能目睹其真容，这次展出也引起了艺术界和收藏界的高度关注。根据北京故宫博物院介绍，从新中国成立始，《千里江山图》只公开展出过三次。就是故宫的专家们，见到此画的机会也屈指可数。按照惯例，2017 年那次展出后，下次估计要等三十年之久，所以它的每一次现身都足以引起文艺界"大地震"。尤其在学界，《千里江山图》相关的国际学术研讨会非常多，来自全世界的众多学者就作品作者、宋徽宗时期的青绿山水画、蔡京的题跋等问题进行深入交流探讨，进一步发掘其历史价值和美学价值。另外，《千里江山图》出名的原因竟然还因其使用的颜料，这幅作品之所以能够在千年之后还展现出让人赏心悦目的色彩，其中一个重要原因就是画作使用的天然颜料很多都是珍贵的宝石，而其中“青”更是使用了顶级的青金石手工磨制而成，价值极其昂贵。

应该说，王希孟的《千里江山图》早已名震四海，并非因为《只此青绿》，只不过2022年春晚的舞蹈作品《只此青绿》让画作更具视觉效果和传播上的轰动效应。

理解与练习

一、根据课文，判断下列信息是否正确

1. 春晚节目《只此青绿》是根据《千里江山图》编排的爱情故事。（　　）
2. 从新中国成立始，《千里江山图》公开展出过三次。（　　）
3.《千里江山图》画作所用的颜料全部是珍贵的宝石。（　　）
4. 舞蹈《只此青绿》在一定程度上推动了《千里江山图》的传播。（　　）

二、列出课文观点、文中进行因果论证所使用的论据，及课文结论

课文观点：

____

____

论证的三个论据：

论据一	论据二	论据三

课文结论：

____

____

____

____

交流与实践

三、拓展实践

因果论证包括从因到果、从果到因以及从相关到因果的论证，根据因果论证的逻辑改写课文，使课文的因果论证更加清晰。

可参照以下信息和思路，组织并整理内容。

1. 可以适当删去课文中与因果论证关联不大的句子；
2. 可以使用“首先”“其次”“再者”等词串联不同的原因；
3. 可以先果后因，也可以先因后果。

四、小组活动

了解因果论证的特点，从以下观点中选择一个，小组成员一起尝试进行因果论证，并推举一人在课堂上进行成段表达。

①读史使人明智
②细节决定成败
③三人行，必有我师焉
④压力很多时候是前进的动力
⑤学无止境

线上小课堂 ▶ 04-04-01

学习慕课《通用学术汉语 · 向阿加莎致敬！》，了解论证过程中常常会遇到的逻辑错误。

论证过程中常见的“谬误”

在论证时，逻辑思维和语言表达中出现的各种错误，也叫“谬误”。很多人在做论证分析时既会有语言方面的错误，也会有逻辑方面的问题。下面列举几种在论证分析时出现频率较高的错误类型。

1. **语句歧义**：这类语言表达上的错误很常见，语言文字有两种或几种可能的解释，意思不明确。

2. **断章取义**：表达的时候常常把句子从语境中抽离出来，导致句意与原来想表达的完全不同。

3. **转移论题**：论证过程中偏离正题转向另一个论题，转移对关键问题的注意，论证的结论也会随之出现偏差。

4. **稻草人**：论证中通过歪曲对方的主张，树立一个很容易被击倒的“稻草人”来反驳对方的观点。

5. **虚假因果**：把无实质关联的现象看成有实质关联的现象。

对论证分析中的错误进行分类归纳很不容易，因为产生错误的原因本来就错综复杂，有人归纳出几十种，甚至上百种错误。在这里，我们只选取了几种学生出现频率较高的错误来说明，其他的错误类型可以在学习过程中不断积累，并加以解决。

课文五　庞贝古城的壁画风格

生词表　04-05-01

1. 壁画	bìhuà	mural
2. 雇用	gùyòng	employ; hire
3. 复制	fùzhì	copy; duplicate
4. 雕像	diāoxiàng	statue
5. 镶嵌画	xiāngqiànhuà	mosaic
6. 娴熟	xiánshú	skilled; skillful
7. 全盘	quánpán	overall
8. 倾慕	qīngmù	adore; admire
9. 攀比	pānbǐ	compete with
10. 奢华	shēhuá	luxury; luxurious
11. 仿效	fǎngxiào	imitate
12. 幻象	huànxiàng	phantom; illusion
13. 勾勒	gōulè	sketch; outline
14. 图式	túshì	schema; pattern
15. 典雅	diǎnyǎ	elegant
16. 细腻	xìnì	fine and smooth
17. 巴洛克风格	bāluòkè fēnggé	Baroque style
18. 烦琐	fánsuǒ	tedious
19. 富丽堂皇	fùlì tánghuáng	gorgeous; sumptuous
20. 府邸	fǔdǐ	mansion
21. 仰慕	yǎngmù	admire
22. 愉悦	yúyuè	cheerful; pleasant

专有名词

1. 庞贝	Pángbèi	Pompeii
2. 希腊	Xīlà	Greece
3. 罗马	Luómǎ	Rome

词语练习：选择合适的词语完成句子

细腻　仰慕　奢华　勾勒　烦琐　攀比　娴熟　复制

1. 零件一到，这些老工人就 ________ 地拼装了起来。
2. 不知怎么回事，班级里出现了一股 ________ 的风气。
3. 她在读者见面会上表达了自己对作家的 ________ 之情。
4. 他短短几句话就 ________ 出了小男孩儿的可爱形象。
5. 画家用 ________ 的笔触描绘出了田野的秋色。
6. 生活中有许多 ________ 的小事，虽然不复杂，但处理起来也很花时间。
7. 宫殿的 ________ 让人叹为观止，特别是那布满钻石的金色大厅。
8. 这份材料可以 ________ ，不涉及侵权问题。

学习提示：

04-05-02

课文介绍了庞贝古城的壁画风格，看看文中用了哪些论证方法。

公元一世纪，庞贝城是一个经济繁荣、景色宜人的旅游之地，也是贵族奴隶主及外来商人往来之地，当时有人说："庞贝城随处可见希腊风格的艺术品。"这句话没有错，庞贝城的有钱人雇用了大量的希腊艺术家和手艺人为他们复制希腊雕像，还有壁画和镶嵌画，这也让很多的工匠和雕刻师找到了工作，成为娴熟的艺术工匠，并为大量的贵族阶层承担复制原作的工作。希腊虽被罗马所灭，但有意思的是，罗马却全盘接受并倾慕于希腊文化，所以庞贝不仅有大量的艺术作坊接下订单复制著名的希腊艺术品，而且其贵族阶层还大兴土木，修建别墅庄园，相互攀比，形成奢华之风。他们在别墅庄园里花费大量金钱和时间复制希腊风格的壁画，目前学者们把保存下来的庞贝壁画常分为四种风格：第一种是利用壁画把墙仿效成昂贵的大理石质感，形成宫殿特有的奢华风气。这种从严格意义上说还不是绘画艺术，而是一种实用的墙面装饰。第二种是利用幻觉效果在墙上画出景致，在空间上产生幻象，大多有钱人的别墅中都有这样的壁画。准确地说，这是一种建筑风格。第三种风格强调画面的平面感，往往在平面上勾勒出极为精致的图式，呈现出典雅细腻的风格。第四种，学者常常称之为"庞贝的巴洛克风格"，这种风格与庞贝追求奢华的社会风气相符，之所以称为"巴洛克风格"，是因为此类壁画真实、烦琐，又富丽堂皇，大到剧院房屋正门的设计，小到面包店里墙面的墙绘作品，都体现出这种风格。[①] 虽然

① 黄倩，浦欣成．错视画与建筑空间 [J]. 新美术，2011（02）：73.

壁画作品深受希腊艺术的影响，但是与希腊人注重理想色彩，在艺术作品中喜欢运用抽象、概括的理念不同，罗马人更注重实际，贴近现实，出现在庞贝古城的建筑、商铺、浴场、富豪府邸里的壁画作品除了有供人仰慕的英雄人物、神话故事外，不少作品都带有城市民俗风味，这些社会风情画、自然风景画都展示出了庞贝城日常生活的风貌。

庞贝城这些艺术品在传播和销售过程中都是愉悦的，这和当时罗马帝国追求的社会风气和生活需求相一致。用壁画装饰房间，壁画的题材也很多样，包括山林、大海风景或带有神话色彩的景物等。另外，在技法上已经开始采用直线透视的远近法，光线和阴影的区分已经很明显。这些生活化的艺术品虽比不上罗马宏大壮丽的艺术主流，但其呈现了一种独特的商人文化风格，是另一类文化现象的存在。这一时期的艺术品传播途径多样，艺术消费与交流呈现出一种繁荣的景象。

理解与练习

一、根据课文，判断下列信息是否正确

1. 目前保存下来的庞贝壁画，学者们常把它们分为四种风格。(　　)

2. 在庞贝，有一类壁画真实、烦琐，又富丽堂皇，因此被称为“庞贝的希腊风格”。(　　)

3. 庞贝的壁画描绘的基本都是供人仰慕的英雄人物、神话故事。(　　)

4. 利用壁画把墙仿效成昂贵的大理石质感，形成宫殿特有的奢华风气。这种风格从严格意义上说是装饰，而不是绘画艺术。(　　)

二、根据课文，选择正确答案

1. 关于“庞贝城随处可见希腊风格的艺术品”，下列哪项理解正确？

A. 庞贝城只有希腊风格的艺术品

B. 庞贝城大量雇用希腊艺术家和手艺人制作艺术品

C. 庞贝城大量希腊艺术品的复制是为了传播希腊风格的艺术品

2. 下列哪项说法错误？

A. 庞贝城曾是一个旅游胜地

B. 庞贝城的艺术品与罗马宏大壮丽的艺术主流是一致的

C. 庞贝城中的壁画反映了其日常生活的风貌

3. 关于罗马人与希腊人的描述，下列哪项说法正确？

A. 罗马人更注重理想色彩

B. 希腊人注重实际，贴近现实

C. 希腊人更喜欢运用抽象、概括的理念

交流与实践

三、小组活动

在中国几千年的历史文化中有着不少的历史文化名城，如列入世界文化遗产的平遥古城，此外还有荆州古城、丽江古城等。3～4人为一小组，选择一座中国历史文化名城，查阅相关学术文献，运用所学的论证方式，谈谈古城的保护与利用。

____

____

____

____

____

四、拓展实践

通过“三、小组活动”，你已经完成了对中国某一座古城的基本了解，以“外国人眼中的中国古城”为主题，采访身边的几位朋友，设计并完成下面的采访提纲。

采访提纲

采访对象：________________

采访主题：________________

采访地点：________________

采访方式：________________

采访问题：

____

____

____

____

____

____

____

本单元学习评估：复习所学，及时总结

使用康奈尔笔记法有效地记笔记，并定期复习，提高学习效率。

（记下关键词、重点句和问题）	（记录授课内容）
（写下对本单元所学的反思以及对重要问题的回答）	

任务一：资料翻译与归纳

学习提示：复习“翻译”技能的相关内容，对译文进行修改和润色。

1. 跟小组成员共同讨论，选择某一个传统节日（国家、地域不限），并以“……节日的继承与发展”为主题，找到相关的权威性学术文献 1 篇（非中文文献），归纳作者的观点，抽取作者论证中最精彩的一个部分，根据自己的理解对其进行归纳。（英文 300 词以内）

观点：   论证部分归纳：
文献出处：

2. 整理好文本以后，借助各类资料（包括网上资料），将文本翻译成中文。

译文：

【参考文献】(包括网站）

任务二：篇章写作训练

学习提示：撰写文章时需注意内部结构的逻辑关系，结合“线上小课堂”《论证过程中常见的“谬误”》，对文章进行修改和调整。

参照下面的“写作准备”，对本次专项写作所需要的相关技能、表达形式等，做必要的复习和整理。

写作准备：

- 确定选题——提出自己的主要问题或主要观点
- 查找资料——了解重要概念的定义与分类

复习“归纳概括”和“论证”的主要表达形式

通过以上的复习和整理，相信你已经对本次写作任务做了必要的准备。接下来，参照下面的“写作结构”，自拟一个与“……传统节日的继承与发展”相关的题目，检索相关文献资料，最终完成一篇短文写作。

写作结构：

第一部分	• 导入：介绍某一个传统节日的起源、风俗、内涵等基本信息。
第二部分	• 简要介绍：介绍与选题有关的主要背景，总结与其相关的重要理论、文献、资料等，归纳代表性学者的主要观点。
第三部分	• 主体部分：分析相关学者观点（举例论证、归纳论证等），分析持不同意见学者的观点（对比论证、归纳论证等）。
第四部分	• 内容总结：在第三部分的基础上，提出自己的观点和看法（因果论证、举例论证等）。

写作要求：

（1）确定选题，自拟题目，题目要完整、清楚，有吸引力。

（2）归纳要合理、全面，论证要符合逻辑。

（3）语言表述客观、准确、流畅，尽量避免过于口语化的表达。

（4）不少于 800 个汉字。

题目：________________________

800

【参考文献】

本课学习评估：复习所学，及时总结

使用康奈尔笔记法有效地记笔记，并定期复习，提高学习效率。

（记下关键词、重点句和问题）	（记录授课内容）

（写下对本课所学的反思以及对重要问题的回答）

第五单元

跨越“数字鸿沟”

技术具有两面性，既是解决问题的解药，也是毒药。

——贝尔纳·斯蒂格勒

Technology has two sides. It is both the antidote and the poison.

—Bernard Stiegler

学习目标

学术技能：质疑

- 了解质疑的定义及重要性。
- 运用不同的提问形式进行有针对性的质疑。
- 从思维的清晰性、精确度、准确度、联系性等方面进行质疑。
- 根据学科领域分解复杂问题。

语言技能

- **听：** 抓住关键信息，了解质疑与科学的关系。
- **说：** 运用质疑的相关常用句式，清晰、准确地质疑。
- **读：** 根据质疑的不同种类及不同表达形式，梳理文章的基本结构。
- **写：** 运用跟质疑相关的常用词语及句式进行写作。

热身

小组活动

科学技术如今已经融入日常生活的方方面面，我们通过各种手机应用进行支付、导航、购物……戴在手腕上的智能手表让我们更了解自己的健康状况，查看社交媒体上的信息则让我们更了解世界。技术的确改变了生活，不过，这些改变让生活更美好的同时，是不是也带给我们新的烦恼呢？参考表格，在小组内讨论智能技术、应用的利与弊。

技术、应用	利	弊
移动支付		
社交媒体		
美颜 APP		
无人驾驶		
无人机拍摄		
……		

课文一　什么是科学精神？

生词表 05-01-01

1. 揭示	jiēshì	reveal
2. 境界	jìngjiè	state
3. 奥秘	àomì	mystery
4. 大爆炸理论	dàbàozhà lǐlùn	Big Bang Theory
5. 奇点	qídiǎn	singularity
6. 无穷	wúqióng	infinite
7. 地心说	dìxīnshuō	geocentrism
8. 日心说	rìxīnshuō	heliocentrism
9. 量子力学	liàngzǐ lìxué	quantum mechanics
10. 颠覆	diānfù	overturn
11. 对抗	duìkàng	confront

专有名词

牛顿	Niúdùn	Isaac Newton

词语练习：选择合适的词语完成句子

揭示　量子力学　奥秘　大爆炸理论　对抗　颠覆　无穷

1. 这家无人超市________了我们对超市的固有印象。
2. ________是现代宇宙学中最有影响的一种学说。
3. 宇宙中还隐藏着很多________等待着人类去探索。
4. ________与相对论被认为是现代物理学的两大基本支柱。
5. 他以积极乐观的态度________生活中的苦难。
6. 小孩子拥有________的想象力和对世界的巨大好奇心。
7. 这一组数据________出经济逐渐复苏的趋势。

学习提示：

05-01-02

我们将听到一段跟科学精神有关的短文，边听边思考：我们应该用什么样的态度对待科学？

理解与练习

一、听第一遍录音，判断下列信息是否正确

1. 科学精神的核心是批判质疑。(　　)
2. 人们运用科学揭示的规律，能够更好地进行生产和生活。(　　)
3. 我们应该相信科学无所不能。(　　)
4. 爱因斯坦相对论是对牛顿经典力学的补充和完善。(　　)

二、听第二遍录音，对与课文不符的观点进行修改

1. 科学包括科学态度、科学方法、科学思想和科学精神四个方面。

____

2. 科学的发展一直是基于对前人研究的继承。

____

3. “大爆炸理论”能够解释任何时间的宇宙的情况。

____

三、根据课文，回答问题

1. 为什么说科学精神的核心是批判质疑？

____

____

2. 作者在课文中提出“我们崇尚科学，却不应迷信科学”的观点，试着梳理作者对该观点的论证过程。

崇尚科学，但不应迷信科学

- 分论点 1：____________
  - 举例 1：____________
  - 举例 2：____________
- 分论点 2：____________
  - 举例：____________

线上小课堂 05-01-01

学习慕课《通用学术汉语·质疑》，了解质疑的定义及重要性。

质疑的定义及重要性

批判性思维的逻辑起点是质疑，没有质疑就没有批判。质疑到底是什么？质疑不是简简单单地摆出怀疑一切的态度，也不是毫无根据地提出问题，而是首先对事实进行观察，再遵循逻辑进行充分反思，在此基础上发现问题、提出问题。

对于个人来说，质疑可以帮助自己推动思维持续不断地发展，激发自己进一步学习和探索，在"提出问题—寻求答案—衍生新问题"的动态结构中发展自己的思维能力。

对于所有学科领域来说，质疑是推动学科发展的重要动力。一个学科或者领域之所以能在历史发展中一直存在，就是因为不断地有新问题被提出，引导着研究者们去思考并提出各种解决方案，从而使学科领域保持生命力，也为我们提供了更多关于世界的知识。

课文二 “数字药片”效果更好吗？

生词表 05-02-01

1. 不可避免	bùkě bìmiǎn	inevitable
2. 批准	pīzhǔn	approve
3. 植入	zhírù	implant
4. 芯片	xīnpiàn	chip
5. 患者	huànzhě	patient
6. 胃酸	wèisuān	gastric acid
7. 蓝牙	lányá	bluetooth
8. 患	huàn	contract (an illness); suffer from
9. 精神分裂症	jīngshén fēnlièzhèng	schizophrenia
10. 阿尔茨海默病	ā'ěrcíhǎimòbìng	Alzheimer's disease
11. 医嘱	yīzhǔ	doctor's advice
12. 行之有效	xíngzhīyǒuxiào	effective
13. 横空出世	héng kōng chūshì	emerge suddenly
14. 监控	jiānkòng	monitor
15. 依从性	yīcóngxìng	compliance
16. 隐私	yǐnsī	privacy
17. 获准	huòzhǔn	obtain permission
18. 摄入	shèrù	intake
19. 即时	jíshí	immediate

专有名词

阿米特·萨帕特瓦里	Āmǐtè Sàpàtèwǎlǐ	Ameet Sarpatwari

词语练习：选择合适的词语完成句子

摄入　芯片　隐私　横空出世　行之有效　医嘱　不可避免　批准　蓝牙　监控

1. 平时在用药治疗疾病时，需要谨遵________，合理用药。
2. 这个年轻球员本赛季________，表现神勇，引起了众多球队的注意。
3. 新款手机可能会继续采用上一代的________，让大家感到有些失望。
4. ________过多的碳水化合物很容易长胖，对于减肥人群来说的确要控制饮食，合理化碳水类食物比例。

5. 您手机的________功能无法正常使用，需要进行维修。

6. 实践证明，这套方案________，得到了大家的一致认可。

7. 一部分人对全球经济持悲观看法，认为全球范围内的经济衰退已________。

8. 这款药品近日获得了国家药品监督管理局的药品注册________。

9. 移动支付给我们带来很多方便，但也产生了不少与________相关的问题。

10. 这批________设备投入使用后，城市安全性可以得到进一步提升。

学习提示： 05-02-02

科技的发展为人类的医疗卫生事业带来了许多新变化，来了解一下“数字药片”吧。

人体与科技结合似乎已经呈现出不可避免的趋势。如今，一种更具想象力的科技逐渐发展成熟。2017 年 11 月 17 日，美国第一款“数字药片”问世。据悉，这款“数字药片”不仅是美国批准的第一种数字药物，也是全球首例。

所谓“数字药片”，就是在药片内部植入芯片。患者服用后，药片会和胃酸发生反应，然后发出信号。通过蓝牙监测到的患者是否服药、何时服药的信息会传输到手机 APP。经过患者同意，医护人员可以访问相关数据。最终，芯片会在完成使命后，随着正常代谢排出体外。

对于患有精神分裂症和阿尔茨海默病的人来说，遵照医嘱按时正确服药是一件非常重要的事情。但以前医生没有任何行之有效的方法来跟踪患者的服药情况。为了解决这一世界难题，“数字药片”横空出世。北京大学武阳丰教授在接受《科技日报》记者采访时表示：采取这种科技手段监控服药情况，帮助那些记不住吃药的患者提高服药依从性，有它积极的意义，但前提是患者必须知情同意。

来自哈佛大学医学院的阿米特·萨帕特瓦里表示，尽管“数字药片”未来很可能在提升公众健康水平上发挥重要作用，但使用不当极有可能加剧医患间的信任危机。英国隐私保护团体也对这种“数字药片”表示担忧：这种技术对健康有益，但不能以牺牲患者隐私为代价。同样地，从病患心理及道德层面，很多患者及专业医生也提出了疑问，该技术对于患者来说不仅毫无隐私可言，甚至有时刻被监控的感觉，在就医阶段会形成一定的压力。

据了解，在“数字药片”获准上市时明确规定：患者可以在智能手机上检查药物的摄入情况，医护人员也可以即时收到这些数据，但前提是在患者同意的情况下。

选自《“数字药片”：健康优先于隐私？》，作者：李颖。有删改。

理解与练习

一、根据所给关键词语复述课文

1. “数字药片”　芯片　蓝牙监测

2. 精神分裂症　阿尔茨海默病　按时服药　服药依从性

3. 信任危机　患者隐私　质疑

二、根据课文，补全信息，并口述“数字药片”从生产到使用完成的全过程

在药片内植入________

____

________________________________会传输到手机 APP

____

芯片在完成使命后，________________

交流与实践

三、课文中的专家学者们对“数字药片”的利弊进行了论述，请与小组成员分工合作，谈一谈“数字药片”的利与弊

“数字药片”的利弊分析	
利	弊

四、小组讨论

除了“数字药片”，现在将人体与科技结合的产品越来越多，例如智能手表。智能手表跟传统手表有哪些不同？相较于传统手表，智能手表有哪些优势？可能会产生哪些风险？以这些问题为线索，小组成员分工合作，完成一段关于智能手表的3分钟口头报告。

线上小课堂 05-02-01

学习慕课《通用学术汉语·质疑》，了解质疑的分类。

质疑的分类

美国学者理查德·保罗在《批判性思维工具》一书中对质疑进行了细致的分类，包括：

提出目标性问题，能够让我们了解任务的目标。

提出信息性问题，能够推动我们确认信息的来源和信息的质量。

提出解释性问题，能够推动我们检查自己组织信息、赋予意义的方法。

提出假设性问题，能够帮助我们对理所当然的观点进行反思。

提出关联性问题，能够帮助我们了解事物之间的关系。

提出精细性问题，能够推动我们检查细节，发现细小错误。

提出逻辑性问题，能够帮助我们检查论证系统的合理性和逻辑性。

当我们对某一个现象或事件进行反思时，首先可以通过提出目标性问题明确自己反思的目的，然后通过提出信息性问题检查所收集的相关资料是否全面、充足、真实。接下来，在进行说明和论述的过程中：一方面，通过提出解释性问题来检查我们自己整理信息的方法是否科学；另一方面，通过提出假设性问题对已有的相关观点进行反思。此外，我们还要进一步提出精细性问题和关联性问题，检查自己在论述过程中是否有细小错误，以及这个现象或事件中各个方面之间的关系。最后，通过提出逻辑性问题对自己的论述过程进行全面回顾和检查，确保整个过程的合理性。

课文三　老年人如何跨越"数字鸿沟"？

生词表　05-03-01

1. 数字鸿沟	shùzì hónggōu	digital divide
2. 琢磨	zuómo	consider; mull over
3. 自助结账	zìzhù jiézhàng	self-checkout
4. 通道	tōngdào	passage
5. 网约车	wǎngyuēchē	online car-hailing
6. 代际	dàijì	intergenerational
7. 落差	luòchā	gap; discrepancy
8. 倡导	chàngdǎo	advocate; propose
9. 老龄化	lǎolínghuà	(of a society, population, etc.) age
10. 保障	bǎozhàng	assure; safeguard

词语练习：选择合适的词语完成句子

落差　数字鸿沟　保障　代际　老龄化　琢磨　倡导

1. "________"是老龄化社会的一个普遍现象，相较于过去受教育程度差异带来的鸿沟，似乎更加难以消除。

2. 按照国际通行划分标准，当一个国家或地区 65 岁及以上人口占比超过 7% 时，意味着进入________社会。

3. 这篇文章要表达的主题相当深刻，值得我们好好________。

4. 创新是________企业获得持续生存和发展能力的重要方法。

5. 有观众分析，对该节目的期待值过高，是如今产生心理________的主要原因。

6. 政府________市民学习垃圾分类的知识，积极实践科学的垃圾分类方法。

7. 老人们真实自然的讲述和对生活原貌的呈现，拉近了与年轻一代的距离，弥合了不同________认知和情感上的差距。

学习提示： 05-03-02

对于不少老年人来说，日新月异的技术发展使他们与年轻人之间产生了“数字鸿沟”，我们应如何面对这一问题？

近年来，各种手机应用改变了我们的生活，与之相伴而生的是部分老龄群体面临“数字鸿沟”难题，这也引发越来越多的社会关注。

不少人的父母、长辈可能都遇到过这样的困难：想念子女了，琢磨着买张火车票去大城市看看孩子，虽然如今上网订票很方便，不少老年人却发现每次都要有年轻人在身边手把手教；超市的自助结账越来越普及，传统的人工结账通道逐渐少了，这对于不习惯手机支付的老年人来说，也成了一个难题；年轻人都已经习惯了使用网约车，可有不少老年人不会用打车软件，只能在街头拦出租车，打车比以前难了不少……眼看着自己的生活因为数字技术发生着巨大的变化，可发现这些便利对自己来说却成了负担，许多老年人的心里都难免有些着急。

对互联网的陌生使得老龄群体无法享受到互联网带来的出行、购物等服务便利。这种存在于代际的“数字鸿沟”现象，已经体现在社会的方方面面，成为信息时代一个不可忽视的社会问题。

国家统计局网站相关数据显示，截至2018年末，全国60岁及以上人口占比为17.9%；但据最新的《中国互联网络发展状况统计报告》，截至2020年6月，我国网民规模为9.4亿，而其中60岁及以上网民群体仅占10.3%，其中显然存在着一定落差。

数字化生活，更应该倡导年龄包容的风尚。部分老龄群体在适应数字时代上的吃力，一方面是因为使用技能缺乏、文化程度限制或设备不足，另一方面重要原因是许多数字产品在设计中忽视老年人的需求。我们正在步入老龄化社会，从立法规划、政府决策到产业发展，都要充分保障老年人的社会需求、权利和尊严，而不能把目光仅停留在年轻人身上。数字技术应该促进包容、多元，这也是建设一个老年人友好型社会的必然要求。

选自《为老年人提供更多数字服务的便利》，作者：张璁。有删改。

理解与练习

一、根据课文，判断下列信息是否正确

1. 各种手机应用的使用造成整个老年群体面临“数字鸿沟”问题。(　　)
2. 据统计，一部分60岁及以上的老年群体并未使用互联网。(　　)
3. 老年群体遭遇“数字鸿沟”问题的主要原因是不具备上网技能。(　　)
4. 解决“数字鸿沟”问题主要依靠生产数字产品的公司。(　　)
5. 数字技术不利于建设老年人友好型社会。(　　)

二、根据课文，回答问题

1. 概括说明课文通过哪些事例来论证老年人面临“数字鸿沟”问题。

____

____

____

2. 造成“数字鸿沟”的原因有哪些？

____

____

____

交流与实践

三、小组活动

为了缩小甚至消除“数字鸿沟”，让老年人也能够享受数字技术带来的便利，你有哪些建议？可以参考以下层面，也可以在此基础上补充其他层面的建议。

建议
- 法律层面 —— ______________________________
- 政府层面 —— ______________________________
- 科技公司层面 —— ______________________________
- 老年人群体层面 —— ______________________________

四、拓展实践

假设你是一名社区工作者，现在要举办一个帮助老年人学习使用智能手机的社区活动，你打算如何设计活动？通过小组讨论，制订一个活动计划。

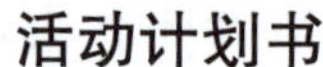

活动计划书

线上小课堂 05-03-01

学习慕课《通用学术汉语 · 质疑》，了解根据学科领域分解复杂问题的方法。

关于“质疑”：根据学科领域分解复杂问题

当我们面对复杂问题时，首先可以分析一下这个问题涉及的学科领域有哪些，再将每个学科领域的问题罗列出来，一一解决。以基因编辑技术为例：

首先，基因编辑是一种新兴的比较精确的能对生物体基因组特定目标基因进行修改和修饰的基因工程技术，我们可以从生物学角度对其进行研究。

其次，基因编辑技术可以被应用于改良农产品质量，比如提升大豆品质和增强马铃薯的储存潜力，因此可以从农业角度讨论这项技术。

另外，基因编辑技术还被应用于疾病治疗的研究中，因而也属于医学领域的课题。

最后，基因编辑技术的应用，特别是将其应用到人体上时，会产生很多伦理问题，例如是否应该通过这项技术来重新编辑人类的基因、这样做是否会给人类健康带来不可预知的后果、谁有权利来实施这项技术等，因此我们还可以从伦理角度进行讨论。相应地，各国政府也会制定法律法规来严格规范基因编辑技术的应用，因此这个问题又进入了法学的讨论范围。

课文四 你也有错失恐惧症吗？

生词表 05-04-01

1. 错失恐惧症	cuòshī kǒngjùzhèng	FOMO (fear of missing out)
2. 恐惧	kǒngjù	frightened
3. 孤立	gūlì	isolated
4. 焦虑	jiāolǜ	anxious
5. 社交媒体	shèjiāo méitǐ	social media
6. 缺席	quēxí	be absent
7. 成瘾行为	chéngyǐn xíngwéi	addictive behavior
8. 不良	bùliáng	bad
9. 帖子	tiězi	post
10. 诱因	yòuyīn	inducement
11. 信念	xìnniàn	belief
12. 轻而易举	qīng'éryìjǔ	with no difficulty
13. 推延	tuīyán	put off; postpone
14. 衰减	shuāijiǎn	decay; attenuate
15. 针对	zhēnduì	aim at
16. 过滤	guòlǜ	filter
17. 淹没	yānmò	inundate
18. 协议	xiéyì	agreement

专有名词

1. 哈马德·本·哈利法大学	Hāmǎdé Běn Hālìfǎ Dàxué	Hamad Bin Khalifa University
2. 瑞安·阿里	Ruì'ān Ālǐ	Raian Ali
3. 伯恩茅斯大学	Bó'ēnmáosī Dàxué	Bournemouth University
4. 约翰·马克艾兰尼	Yuēhàn Mǎkè'àilánní	John McAlaney

词语练习：选择合适的词语完成句子

成瘾行为 缺席 错失恐惧症 诱因 焦虑 轻而易举 推延 淹没

1. 沉迷网络游戏是一种典型的________。

2. 山洪暴发，________了整条道路。

3. 不健康的生活习惯是引发疾病的重要________。

4. 快节奏的生活与工作上的压力让不少年轻人感到________。

5. 球队队长因伤________训练，也将错过这场重要的比赛。

6. 这场比赛双方实力悬殊，一方________地取得了胜利。

7. 不少人患上了________，他们生怕错过社交媒体上的任何一个热点，把大量时间消耗在手机上。

8. 因为部分与会人员缺席，大家决定把讨论________到明天。

学习提示： 05-04-02

在科技发达的今天，信息的获取变得越来越容易，但由此造成的“错失恐惧症”现象也逐渐多了起来。

科技进步使人们的社交活动扩展到网络空间，但同时，人们对互联网的依赖可能导致个体在感到孤立时产生焦虑情绪。1月29日，卡塔尔哈马德·本·哈利法大学科学与工程学院教授瑞安·阿里与英国伯恩茅斯大学心理学副教授约翰·马克艾兰尼共同发表文章，指出“错失恐惧症”这种心理现象在社交媒体使用者中普遍存在。错失恐惧症是指人们认为在自己缺席的情况下，其他人正在获得有益的经验，并由此产生焦虑情绪。

极端的错失恐惧症与成瘾行为密切相关，会导致人们产生一些不良行为。例如，即使在开车等情况下，依然不断查看社交媒体，或者过于关注他人对帖子和消息的反应。阿里和马克艾兰尼重点关注了这种心理现象的主要诱因、产生背景，以及所涉及的恐惧类型。

从根本上说，人类是社会动物，我们的身份、信念和行为都在与他人的互动中受到影响。社交媒体平台和智能手机的出现使人们能够轻而易举地获取社交信息，进行社交互动。人们在这种持续不断的互动中产生焦虑感。尽管互联网上的信息不会消失，但是社交信息可能会随着时间推延而出现意义衰减或过期。例如，正在进行群聊和发布消息的人都希望立即得到答复。当人们无法跟上所有的信息流时，错失恐惧症就会出现。

对于如何重新设计社交媒体平台以减少这种现象，学者提出了几项建议。首先是让人们自己选定信息来源，针对重要事件接收消息和通知。其次，允许进行信息过滤、事件记录和重新查找，以便人们在自己方便的时间回到社交媒体，但同时又不会被大量的内容和交互信息淹没。最后，让人们能够指定他们的社交互动协议。

例如，用户可以在社交媒体上表明自己并不总是即时发表评论，这样其他人就会知道该用户并非一直全神贯注于社交媒体，因而也就不会期待这样的用户对社交媒体上的消息做出即时反馈。

选自《关注社交媒体使用者的心理健康》，作者：王俊美。有删改。

理解与练习

一、根据课文，判断下列信息是否正确

1. 错失恐惧症的表现之一是频繁查看社交媒体。（　　）
2. 错失恐惧症可以表现为过度在意他人对信息的评价。（　　）
3. 互联网信息量过大是造成错失恐惧症的主要原因。（　　）
4. 人们对互联网过分依赖有可能引发焦虑，进而感到孤独。（　　）

二、根据课文，回答问题

1. 给“错失恐惧症”下一个定义。

____

____

____

2. 根据课文，造成错失恐惧症的诱因有哪些？进行简要概括。

____

____

____

三、根据课文，补充信息

1. 从课文中找出说明错失恐惧症表现的例子。根据错失恐惧症的定义和例子，你是否能补充更多的例子？

错失恐惧症的表现

- 文中的例子：______________________________
- 补充的例子：______________________________

2. 根据课文，改善错失恐惧症这种心理现象的有效办法有哪些？

改善错失恐惧症的办法

1. ____________________

2. ____________________

3. ____________________

交流与实践

四、小组讨论

你和你身边的朋友是否也有错失恐惧症？除了课文中描述的表现，能否提供更多的例子？你们认为造成错失恐惧症的原因是什么？有哪些办法可以减小它带来的负面影响？

错误恐惧症		
例子	原因	减小其负面影响的方法

线上小课堂 05-04-01

学习慕课《通用学术汉语·质疑》，了解质疑的不同角度。

质疑的不同角度

理查德·保罗在《批判性思维工具》中还对质疑的具体形式进行了举例说明。根据他的分类，总的来说，我们可以从思维的清晰性、精确度、准确度、联系性等方面质疑。

质疑思维清晰性的问题：

你可以详细阐释你的观点吗？

你说了“……”，这是不是你想表达的意思？

质疑思维精确度的问题：

你能提供更多的细节吗？

质疑思维准确度的问题：

我们怎么核实信息是否真实、准确？

质疑思维联系性的问题：

你能说明你提到的问题跟我们要解决的问题之间的关系吗？

还有哪些观点跟我们讨论的问题有关？

课文五　你怎么又走神了？

生词表　05-05-01

1. 推测	tuīcè	speculate
2. 知晓	zhīxiǎo	know
3. 数字移民	shùzì yímín	digital immigrant
4. 数字原住民	shùzì yuánzhùmín	digital native
5. 特定	tèdìng	specific
6. 匮乏	kuìfá	short (of); deficient
7. 显而易见	xiǎn'éryìjiàn	obvious
8. 感官	gǎnguān	sense organ
9. 常态	chángtài	normalcy
10. 分心	fēnxīn	distract (sb.'s attention)
11. 数字文明	shùzì wénmíng	digital civilization
12. 印刷文明	yìnshuā wénmíng	printing civilization
13. 跳转	tiàozhuǎn	jump; switch
14. 多重	duōchóng	multiple
15. 算法	suànfǎ	algorithm
16. 定制	dìngzhì	customize
17. 眼动仪	yǎndòngyí	eye tracker
18. 耗费	hàofèi	expend; spend
19. 谨	jǐn	sincerely
20. 强化	qiánghuà	intensify; enhance
21. 屏蔽	píngbì	block out
22. 专注力	zhuānzhùlì	concentration

专有名词

1. 赫伯特・西蒙	Hèbótè Xīméng	Herbert Alexander Simon
2. 凯瑟琳・海尔斯	Kǎisèlín Hǎi'ěrsī	N. Katherine Hayles
3. 莱克维茨	Láikèwéicí	Andreas Reckwitz

词语练习：选择合适的词语完成句子

屏蔽　匮乏　推测　耗费　多重　显而易见　分心　常态　算法

1. 该国经济复苏面临________挑战。
2. 一项关于就业的新调查显示，该国目前的就业机会相对________。
3. 这位小说家告诉我们不要害怕孤独，因为孤独才是人生的________。
4. 调查显示，参与调查的 1563 人中，有 63% 的年轻人的朋友圈________了父母。
5. 日本研究团队________，日本国内近两年的结婚登记数至少减少了约 11 万件。
6. 这家________巨资建造的大型购物商场已因经营不善关门了。
7. 购物软件利用推荐________给用户推荐他们可能愿意购买的东西。
8. 驾驶汽车时一定要专注认真，不能因为接电话、看手机等________。
9. 坚持锻炼给我们身心健康带来的好处________。

学习提示：

05-05-02

数字时代，很多人都面临着注意力危机，我们有必要了解注意力危机的出现原因、体现形式与解决办法。

我们在高校经常遇到这种情况，上课的时候，尤其上大课时，会发现有相当一部分学生在玩儿手机，我总是比较善意地推测他们可能在查询跟课程有关的东西，实际如何很难知晓。这个问题我已经关注了很长时间，我觉得今天实际上每个人都面临着注意力的危机。

不同于经历过印刷文明的"数字移民"，如今的"90 后"和"00 后"，他们是生来就处在数字时代的"数字原住民"，更容易产生注意力危机。简单地讲，所谓注意力，就是对特定刺激的感知并忽略其他刺激，以确定感知或行动的优先项。20 世纪 60 年代，美国经济学家赫伯特·西蒙就提出了"注意力经济"的概念，他后来还获得了诺贝尔经济学奖。他指出，"在一个信息富裕的世界里，信息富裕就意味着某种东西的匮乏，即信息所消耗之物的匮乏。信息所消耗之物是显而易见的：它消耗的就是其接受者的注意力。因此，信息富裕导致了注意力贫困"。

注意力的危机几乎在我们每个人身上都有体现，包括一系列心理、生理症状，比如说时刻注意手机、生怕错过什么信息，感官疲劳，心理焦虑等。注意力的分散已经成为人们的常态，分心成为常见的一种心理状态。最典型的分心就是不能长时间地坚持做一件事。人们已经从被信息吸引的"被动分心"走向一种主动选择的"主动分心"。

媒体文化学者凯瑟琳·海尔斯认为，数字文明出现以后，印刷文明的那种深度注意力已经不流行了，流行的是超级注意力。超级注意力有四个特征：第一，焦点迅速转移，在多个任务之间跳转；第二，偏爱多重信息；第三，要有刺激性；第四，对单调不能忍受。我觉得她的判断是准确的。

把视野放到一个更大的范围内，今天这个信息时代的文化到底是什么？就注意力危机而言，社会学家莱克维茨的看法很有启发性，他认为计算机的算法、数字化和互联网的社交网络这三样东西构成了我们今天文化的整体。另外，当下技术的逻辑已经越来越强，同时具有情感化的趋势，技术的理性逻辑与情感的感性逻辑完美结合。今天，我们的注意力实际上已经被算法和技术预先定制，眼动仪这样的设备可以精确计算人们的关注点和喜好。在这种情况下，人们以为在做自主选择，其实早已被设计和规定好了。

注意力消耗的是人的时间，受众注意力耗费得越多，其注意力也就越匮乏。注意力的危机是人没时间专注、没时间思考，甚至没时间发呆。

那么，我们该如何走出注意力危机呢？这里，我谨提出一些个人的设想。第一，需要全社会强化对注意力危机的关注。第二，创造一些信息屏蔽的时间，不看手机和电脑，尤其是青少年要养成这种习惯。第三，学校和家长要帮助青少年培养深度注意力。第四，各类社会机构可以提供各种形式的培养和训练专注力的实践活动，包括手工制作、艺术欣赏、自然审美等。

选自《注意力的文化危机》，作者：周宪。有删改。

理解与练习

一、根据课文，判断下列信息是否正确

1. “数字原住民”比“数字移民”更容易产生注意力危机。(　　)
2. 信息越丰富，注意力越不容易集中。(　　)
3. 注意力危机主要表现为一些心理上的症状。(　　)
4. 一个人的注意力越分散，时间就越不够用。(　　)
5. 信息时代，人们的选择往往被算法所设定。(　　)

二、根据课文，回答问题

1. 课文第一段中的“这个问题”是指什么问题？提出“这个问题”，是为了揭示一种什么现象？

____

____

2. 为了解释这种现象，作者在第二、三段中提供了一些相关概念，找出这些概念，并说明其含义。

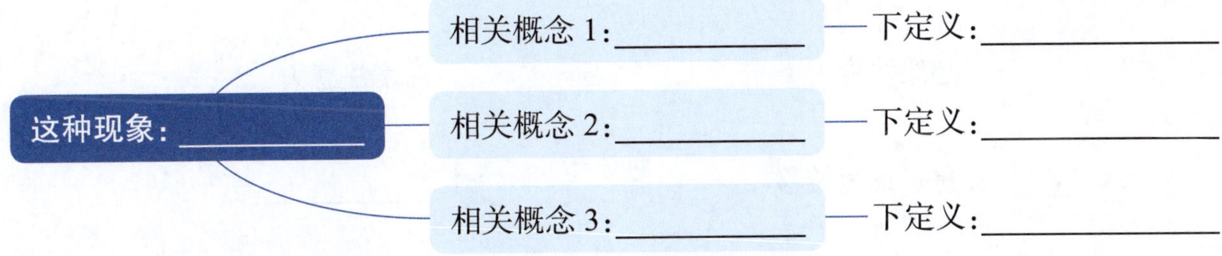

三、根据课文，补充信息

1. 作者为了说明注意力危机的问题，从不同的学科领域展开了分析。根据下面的信息，分析作者如何运用不同的学科知识论述注意力危机的问题。

注意力危机问题

- 经济学角度 —— ______________________________
- 心理学角度 —— ______________________________
- 传媒学角度 —— ______________________________

2. 作者提出如何走出注意力危机问题，为了解决这个复杂问题，他从不同角度探索了解决方法。梳理作者围绕“如何走出注意力危机”所提出的问题，以及相应的解决办法。

走出危机的途径

- 全社会要怎么做？—— 强化对注意力危机的关注
- ______________？—— ______________
- ______________？—— ______________
- ______________？—— ______________

交流与实践

四、小组讨论

根据课文，说一说超级注意力的特点；然后根据超级注意力的特点，说说深度注意力应该具有哪些特点。最后，比较两种注意力的优缺点。

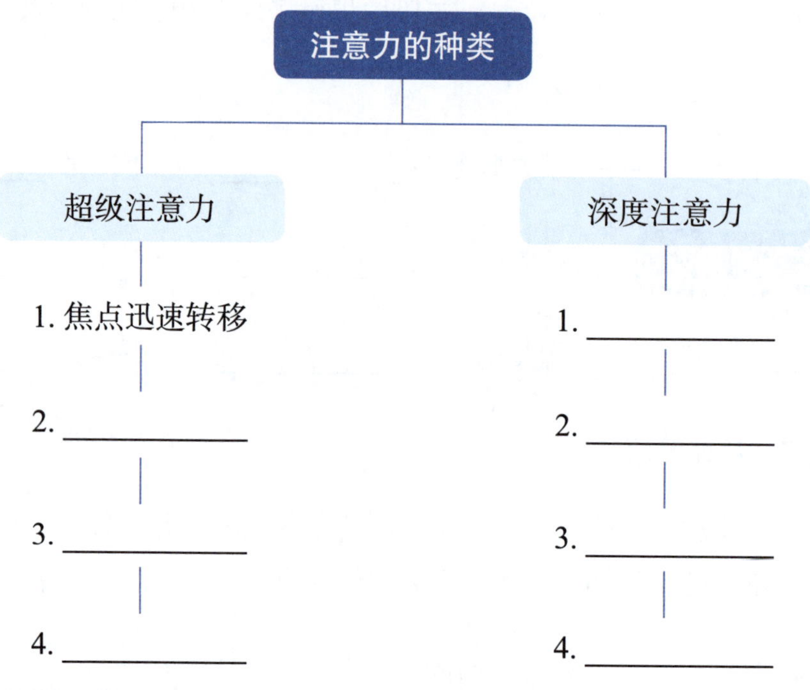

比较两种注意力优缺点的讨论结果：

本单元学习评估：复习内容，及时总结

使用康奈尔笔记法有效地记笔记，并定期复习，提高学习效率。

（记下关键词、重点句和问题）	（记录授课内容）
（写下对本单元所学的反思以及对重要问题的回答）	

学术场景 III：做小组报告

学习目标

- 了解做报告的基本要求
- 学习做报告的一般步骤
- 掌握做学术报告的技巧

技能训练

- 训练一：做好报告前的准备工作
- 训练二：写好报告的文字稿
- 训练三：设计好报告的呈现形式
- 训练四：做一个精彩的学术报告

热身

你看过乔布斯在苹果发布会上的报告吗？
乔布斯的报告让你印象最深刻的是什么？
你知道乔布斯在做报告时都有哪些准则吗？

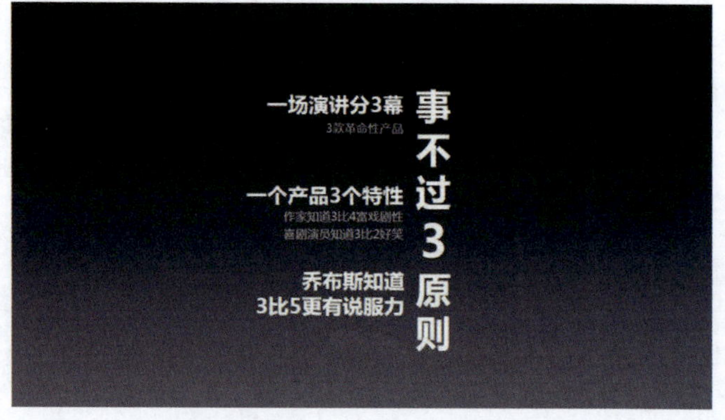

线上小课堂 ▶ 05-06-01

学习慕课《通用学术汉语 · 如何像乔布斯一样做报告？》，了解一个好报告的基本标准。

怎样才算是一个好报告？

我们在慕课视频中看到的乔布斯的发布会是报告的成功范例，那么我们来总结一下什么样的报告才是一个好报告。

一个好报告应该充分考虑接收者，准确地把握听众的真实需求，从而对报告内容进行取舍。因此我们要在做报告前对报告对象的学习背景、相关知识的储备情况、对报告的基本诉求进行大致的了解。这样的准备工作是非常必要的。

一个好报告应该框架清晰、条理清楚、数据翔实、逻辑结构合理、文字简洁明了。由此可见，报告的内容应该包含丰富的知识或技能，有深入的思考或研究。同时，报告的结构一定要清晰，层次感要强，展示与推进的过程中要有一定的节奏感，用合理的方式把报告的各个板块衔接起来。

一个好报告应该运用赏心悦目的展示方法，结合生动的语言和自然的动作，牢牢地吸引住听众。具体来说，可以采用一些实践互动与体验式的交流。活动的形式可以是主讲人单方面的内容输出，也可以是某个共同活动后的讨论交流。

小组活动

观看一场乔布斯主持的苹果产品发布会，讨论为什么这样的报告能抓住全世界成千上万“果粉”的心。试着按照下表进行星级评分，有其他方面的评价也可以补充到表格之中。

乔布斯苹果产品发布会		
1	内容直观	☆☆☆☆☆（以星号的多少表示质量的高低）
2	亮点突出	☆☆☆☆☆（以星号的多少表示质量的高低）
3	数据详尽	☆☆☆☆☆（以星号的多少表示质量的高低）
4	背景美观	☆☆☆☆☆（以星号的多少表示质量的高低）
5	台风自然	☆☆☆☆☆（以星号的多少表示质量的高低）
6	语言幽默	☆☆☆☆☆（以星号的多少表示质量的高低）
7	衔接合理	☆☆☆☆☆（以星号的多少表示质量的高低）
8		☆☆☆☆☆（以星号的多少表示质量的高低）

拓展：你还知道哪些成功的报告案例？可以参照以上标准进行评价，并把这些报告分享给大家观看。

线上小课堂 05-06-02

学习视频《通用学术汉语·如何像乔布斯一样做报告？》，了解做报告前的准备工作。

做报告前的准备工作

做报告前，一定要明确以下几个问题：一、做这个报告的目的是什么？二、报告对象是谁？三、报告对象希望在报告中看到什么？四、用什么样的形式来呈现报告？思考清楚这些问题，有利于对报告的内容进行取舍，对报告的形式进行判断，让报告取得令人满意的效果。

做报告前有很多具体的准备工作。首先，要给报告拟定一个标题，这个标题既要紧扣报告的主题，还要有足够的吸引力，能瞬间集中报告对象的注意力。然后，要给报告设定一些关键词，整个报告要围绕这些关键词展开。同时，要为每个关键词填充充足的论据，使其成为核心主题。接下来，要为报告撰写一个大纲，因为大纲有助于界定范围、理清逻辑、安排结构、组织语言。一般来说，报告大纲遵循“总—分—总”的原则。例如：介绍报告目的—提供背景信息—在基本逻辑框架中概括报告论点—列举核心主题和论据—再次总结核心结论。最后，要设计一些和报告对象的互动环节，让报告不至于死板乏味。

训练一：做好报告前的准备工作

一、小组活动

1. 玛丽是一名旅游专业的学生，最近正在准备一个中国国内游的报告，她非常认真仔细地准备了材料，要介绍著名的旅游胜地张家界。大致内容包括：张家界的地理位置、生态气候、景区构成、特色风景、世界荣誉等。和小组成员合作，查阅相关资料后为玛丽的报告拟一个题目。

题目：《　　　　　　　　　　　　》

2. 学习经济学的山本下个月需要完成一个课堂报告，内容是关于中国新能源汽车的。山本计划在这个报告中，讲述新能源汽车的发展历史、发展现状、存在问题及未来展望。以小组为单位，查阅相关资料后为山本的报告拟一个题目。

题目：《　　　　　　　　　　　　》

二、拓展实践

如今，“无纸化阅读”成为一个热门话题，教室里的学生们有很多都手捧各种平板电脑，拿着电容笔一边阅读一边做标注。那么这种有别于传统阅读的方式，到底是有利还是有弊呢？如果需要你来做一个课堂报告说明观点，你会怎么设计你的报告？参照表格，为这个报告写一个大纲。

报告题目			
报告对象			
报告目的			
背景信息			
关键词	1.	核心主题：	论据：
	2.	核心主题：	论据：
	3.	核心主题：	论据：
核心结论			
互动环节			

线上小课堂 05-06-03

学习慕课《通用学术汉语 · 如何像乔布斯一样做报告？》，了解如何写作报告的文字稿。

写作报告的文字稿

首先，我们常说“总文理，统首尾”，意思就是文字稿从开头到结尾，内容要时刻紧扣主题。展开论证或进行叙述，可以采用丰富多样的方式，但绝对不能偏离主题。

其次，文字稿的思路必须要清晰，对自己的论点，一定要直截了当地进行说明，不要同一个意思反反复复说好几遍。不同方面的论证，也不要混淆在一起。不要让报告对象听完报告后，都不知道具体讲了什么。

再次，文字稿的层次必须要分明，材料的组织安排一定要井然有序、有条不紊。要做到这一点，就必须遵循详略得当的原则，在科学分析的基础上，把杂乱无章的材料分门别类，分清主次和先后，把它们组织安排好，从而更充分、更突出地表现主题。

最后，文字稿的结构有时候也要富于变化，讲述的内容不要过于平淡，应当有起有伏，多姿多彩，以其结构的艺术性吸引、打动并说服报告对象。

训练二：写好报告的文字稿

一、小组活动

1. 学习计算机的大卫同学最近在做一项调研，想依据调研结果来分析线上课程的利与弊。他提交了一段自己的文字稿，请小组成员参照下面的表格，指出他文字稿中存在的问题。

线上课程对学生们来说，有什么利和弊？我调查了 300 个在线上学汉语的学生，内容总结如下。

我会指出许多线上课程的利与弊，但我只讲主要的三点。

线上课程就是说不必在学校面对面上课，只要有稳定的网络信号，有一个手机或一台电脑就能上课了。对在国外的学生来说，这是一大优点，他们不用花很多钱买飞机票、在中国租房，连书都不用买，都是学校免费提供的。

另外，老师讲课时，他们能随时跟着读，这样一来学生既能练习发音。面对面上课时绝不能这样做，会打扰别的同学。

第三个大优点就是能再三观看播放的课。上课时能集中精神听老师的演讲，下课后可以再看回放做笔记。

最后就是线上课程的缺点，学生们常常不会集中精力，因为老师看不见学生，所以学生可以一边上课一边忙自己的事情。还有就是不会跟同学们见面，感觉不够热闹，没有很大的兴趣。

存在问题	
主题	
思路	
结构层次	
其他	

2. 分析了大卫这段文字稿存在的问题后，请大家帮他进行相应的修改，在下面写出一篇新的文字稿。

二、拓展实践

汽车的辅助驾驶就是，驾驶者在驾驶车辆的过程中，汽车通过雷达和摄像头等设备提供辅助支持，使驾驶者更轻松、更安全地驾驶车辆在道路上行驶，安全抵达目的地。辅助驾驶包括：车道保持辅助系统、自动泊车辅助系统、刹车辅助系统、倒车辅助系统和行车辅助系统。

你对汽车的辅助驾驶系统有什么看法？对其发展有什么展望？提出自己的观点，写一小段报告演讲的文字稿。

线上小课堂 05-06-04

学习慕课《通用学术汉语 · 如何像乔布斯一样做报告？》，了解如何制作报告的演示文稿（PPT）。

制作报告的演示文稿

报告可以有很多种呈现形式，最普遍的就是使用演示文稿进行呈现。制作高质量的 PPT 非常关键，它是报告中非常重要的一个环节，关系到报告的成败。

制作 PPT 有很多原则与标准。首先，在排版的时候要求有序整齐，同时要避免在页面上进行简单的文字堆积，要尽量把文字段落拆分成句子，将句子缩减成词语，并进行分行排版。其次，PPT 尽量不要使用纯文字或纯数字页面，要适当地插入图片、图表以及适量的动画来丰富页面元素。如果报告中有大量数据，可以使用散点图、柱状图、饼图、折线图等形式进行呈现；如果报告中有较为复杂的概念和艰深的词语，不妨使用思维导图进行引导。再次，整个 PPT 的字体、字号应该保持一致，标题、正文的字体及字号大小要有所区分，行间距一般调整为 1.5 倍。最后，PPT 用色尽量不要超过三种，在色调上要讲究对比、和谐，页面要注意留白，不要各种元素铺满整个页面。

训练三：设计好报告的呈现形式

一、小组活动

1. 李白是汉语言专业本科四年级的学生，他最近要做一个报告，内容是关于中国饮食文化的。他制作了一页 PPT，打算做报告时把上面的内容读一下，以介绍中国饮食文化的特点。请大家帮李白看看：如果他按照 PPT 来做这个报告的话，会不会有什么问题？有哪些地方需要修改？说明你们的理由并提出修改意见。

存在的问题（修改理由）	修改意见
（1）	
（2）	
（3）	

2. 经济学院的留学生木兰近期要做一个报告，主要内容是校园内共享单车的使用现状。下面是她准备的文字稿及 PPT，请大家帮木兰看看：用这样的方法做报告是否合适？指出她存在的问题，说明理由，并提出相应的修改意见。

各位老师、各位同学，我对校园中的共享单车进行了调研，得到了以下数据：
共享单车的品牌大致有：哈啰单车、美团单车、青桔单车等。
美团单车数量最多，大约120辆，哈啰单车80辆，青桔单车70辆。
共享单车比较集中的时间与地点如下：
早上8点左右，宿舍楼门口占绝大多数。
上午与下午上课时间，教学楼门口占绝大多数，东一楼和东二楼尤其多。
午饭时间，主要分布在第三食堂和东区食堂，其中第三食堂门口占多数。
晚饭时间，也主要分布在第三食堂和东区食堂，也是第三食堂占多数。

校园共享单车调研报告

共享单车品牌及数量：

美团单车（120辆）
哈啰单车（80辆）
青桔单车（70辆）

共享单车集中的时间与地点：

早上	宿舍楼门口（绝大多数）
上午	教学楼门口（绝大多数）
午饭时间	第三食堂门口（绝大多数）
晚饭时间	第三食堂门口（绝大多数）

存在的问题（修改理由）	修改意见
（1）	
（2）	
（3）	

二、拓展实践

根据以下材料，制作一两页 PPT。

中国电商平台“双十一”成交总额：

2020 年：8600.0 亿元，增长率 43.3%。

2021 年：9651.2 亿元，增长率 12.2%。

2022 年：11,154.0 亿元，增长率 15.6%。

2023 年：11,386.0 亿元，增长率 2.1%。

2024 年：14,418.0 亿元，增长率 26.6%。

随着生活水平的提升，消费者对高品质商品和服务的需求增加，推动了“双十一”成交额的增长。未来，随着电商平台运营策略的进一步发展和消费者需求的不断变化，“双十一”成交额仍有可能继续保持增长态势。

线上小课堂

回顾系列慕课《通用学术汉语 · 如何像乔布斯一样做报告？》，了解如何做好学术报告。

如何做好学术报告？

做出令人印象深刻的学术报告是每一位学习者和研究者的必备技能。一场精彩的学术报告，不仅能够展示自己的科研成果，还能带来意想不到的合作，并在交流中迸发出新的灵感。

河南大学特聘教授冯兆东在《做好“国际学术会议报告”的几点技巧（tips）》中说：你的报告是需要用认真的态度和专业的水准去准备的。你得用能给“大同行”讲懂的语言去组织你的科学逻辑和语言逻辑。其中，语言逻辑指的是：（1）complete（完整）；（2）concise（简明扼要）；（3）coherent（连贯的、合乎逻辑的）。特别需要强调的是：coherent（连贯的、合乎逻辑的）最为重要，它意味着句子中“指—代关系”是清晰的，逻辑是畅通的。

将报告内容用简洁的语言表达出来是需要一定技巧的，尤其是要配合美观、清晰、明了的 PPT。

- PPT 的主线一定要明确，确保听众能跟着你的思路走。
- 避免使用复杂的图形和表格，PPT 内容也不能过于密集，否则非常不利于信息交流。
- 尽量使每张 PPT 呈现一个图形元素，重点在于把那些与论点密切相关的数据展示出来。
- 抓住报告刚开始时的“黄金时间”，因为那个时候听众的注意力是最集中的。要尽量在前 5 张 PPT 就把中心思想传达给听众，同时也要避免使用过多的专业术语来讲述复杂的理论。

总而言之，PPT 图表、PPT 上的文字辅助说明、报告人的口头表达三者要达到“相辅相成”。

选自《做好“国际学术会议报告”的几点技巧（tips）》，作者：冯兆东。有删改。

训练四：做一个精彩的学术报告

一、查阅文献资料，给题为“电子商务的未来”的报告设计一个 PPT，并准备一篇文字演讲稿

二、查阅相关文献，并结合问卷调查，在课堂上做一个学术报告

主题：结合自己所学专业，找到一个目前比较热门的研究课题作为报告主题。

要求：时间 5 分钟左右，准备好文字稿和 PPT。

本课学习评估：复习所学，及时总结

使用康奈尔笔记法有效地记笔记，并定期复习，提高学习效率。

（记下关键词、重点句和问题）	（记录授课内容）
（写下对本课所学的反思以及对重要问题的回答）	

第六单元

中国动漫的希望

电影是每秒24帧的真实。

——戈达尔

The cinema is truth 24 frames per second.

—Godard

学习目标

学术技能：评价

- 了解评价的概念和类型。
- 学习客观全面的评价方式。
- 学会用不同类型的评价方式表达观点。

语言技能

- **听**：抓取关键信息，分辨不同角度的评价。
- **说**：针对不同的对象，进行合理的评价。
- **读**：熟悉评价的常用句式结构。
- **写**：将客观的评价方式应用到学术写作中。

热身

参照下面的表格，列举出你觉得最好的 5 部电影，并说明你的理由。

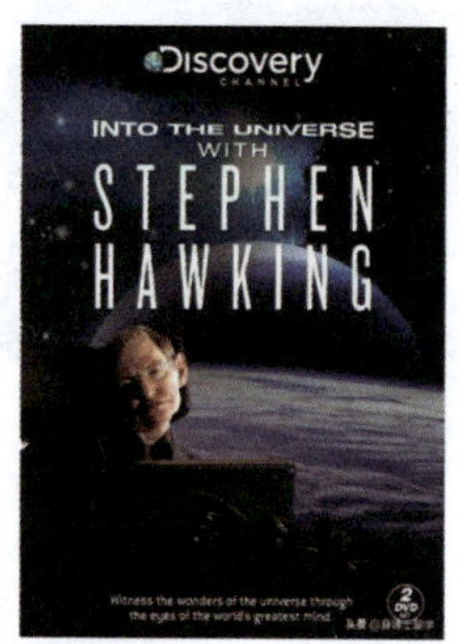

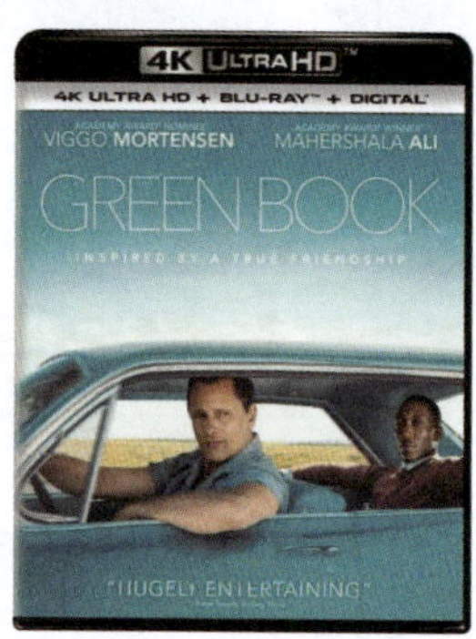

序号	电影名称	喜欢这部电影的理由
1		
2		
3		
4		
5		

课文一 色彩中的武侠片

生词表 06-01-01

1. 荣誉	róngyù	honor
2. 独特	dútè	unusual; unique
3. 镜头	jìngtóu	lens
4. 褒贬不一	bāobiǎn bùyī	both praise and criticism; mixed reviews
5. 单薄	dānbó	thin; inadequate
6. 刻画	kèhuà	depict
7. 生硬	shēngyìng	awkward
8. 空洞	kōngdòng	vacuous; hollow
9. 大有人在	dàyǒu-rénzài	there are plenty of such people
10. 造诣	zàoyì	attainments

专有名词

柏林国际电影节	Bólín Guójì Diànyǐngjié	Berlin International Film Festival

词语练习：选择合适的词语完成句子

独特　生硬　空洞　单薄　造诣　荣誉

1. 这篇文章虽然篇幅很长，但是内容很________。
2. 他显然没理解这几个词的意思和用法，只是________地放到了报告里。
3. 王教授在雕刻方面极有________，你可以向他请教。
4. 这种茶散发着一种________的味道，远远地就能闻见。
5. 运动员们挥洒汗水，奋勇拼搏，为祖国争得了一个又一个________。
6. 气温跌到了 0 度以下，他还穿得这么________，恐怕要冻出病来的。

学习提示： 06-01-02

我们将听到一段跟中国武侠电影《英雄》有关的短文，请注意细节信息。

理解与练习

一、听第一遍录音，选择正确答案

1.《英雄》这部电影获得了什么荣誉？

A. 第 75 届奥斯卡金像奖最佳外语片提名

B. 第 53 届奥斯卡金像奖最佳外语片提名

C. 第 35 届柏林国际电影节金熊奖最佳影片提名

D. 第 75 届柏林国际电影节金熊奖最佳影片提名

2.“这部电影，无论是在镜头语言，还是在视听效果方面都下足了功夫”中的“下足了功夫”是什么意思？

A. 请了很多明星来表演功夫　　B. 主要展示用脚踢的功夫

C. 花了很多时间和精力去制作这部功夫片　　D. 设计了很多高难度的功夫动作

3. 为什么《英雄》这部电影在色彩上有特别的表现？

A. 电影明星们喜欢丰富多彩的颜色

B. 必须用色彩来讲述不同的情节

C. 拍电影的地方风景优美，要配合好色彩

D. 导演学习的专业就是摄影，在色彩方面有研究

二、听第二遍录音，判断下列信息是否正确

1.《英雄》是张艺谋导演拍摄的，有很多明星出演了这部电影。(　　)

2.《英雄》拍摄于 20 世纪初。(　　)

3.《英雄》这部电影主要讲述了三个故事。(　　)

4.《英雄》的声音效果是这部电影最大的特色。(　　)

5.《英雄》上映以后，大家一致认为这是一部好电影。(　　)

三、根据课文，概括人们对《英雄》的评价

评价	主要观点
好评	①色彩特别丰富 ② ③
差评	①电影的剧情过于简单 ② ③

综合上述评价，你觉得《英雄》是一部成功的电影吗？对你来说，哪些是衡量一部电影好与坏的关键因素？

交流与实践

四、拓展实践

在你们国家，是否也有功夫（动作）电影？参照下方的思维导图，选取一部有代表性的功夫（动作）电影进行评价。

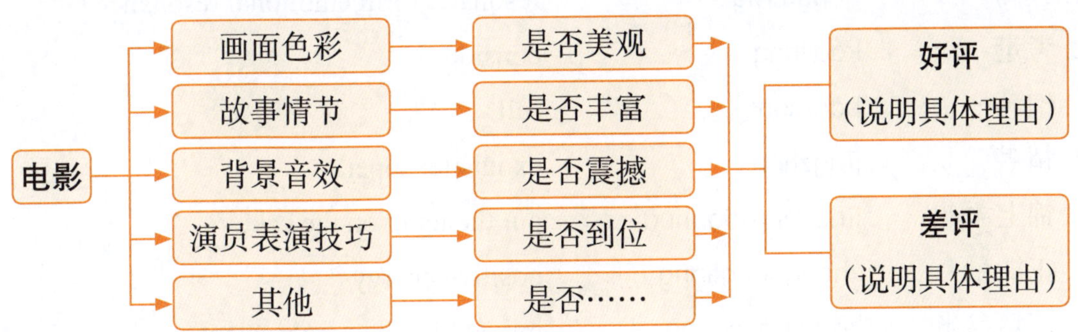

线上小课堂 06-01-01

学习慕课《通用学术汉语·如何成为一个评价达人？》，了解评价的概念和类型。

评价的概念和类型

评价，通常是指对人物、事物或事件进行判断、分析后的结论，其过程是一个对评价对象的判断过程。因为评价过程比较复杂，所以要综合多方面的因素，需要非常客观全面地对评价对象进行考察分析，从而做出最恰当的评价。评价对象可以是个体，也可以是群体，还可以针对事物在不同阶段的发展进行评价。

一般来说，评价类型主要包括绝对性评价、相对性评价、个体内差异评价。

绝对性评价是在评价对象的集合以外确定一个客观标准，将评价对象与这一客观标准相比较，以判断其程度。

相对性评价是从评价对象集合中选取一个或若干个对象作为基准，将余者与基准做比较，比较优劣、排出名次。

个体内差异评价是以评价对象自身状况为基准，对评价对象进行价值判断。

课文二　好评？差评？

生词表　06-02-01

1. 共鸣	gòngmíng	resonate; form emotional resonance
2. 考量	kǎoliáng	consider
3. 饱满	bǎomǎn	full
4. 精湛	jīngzhàn	exquisite; superb
5. 锦上添花	jǐnshàng-tiānhuā	put the icing on the cake
6. 正能量	zhèngnéngliàng	positive energy
7. 好坏参半	hǎo huài cānbàn	mixed blessing; ambivalent
8. 切身	qièshēn	personal
9. 栩栩如生	xǔxǔ-rúshēng	vivid; lively
10. 艰辛	jiānxīn	tough
11. 格局	géjú	scope; landscape
12. 先入为主	xiānrù-wéizhǔ	be prejudiced by a first impression

专有名词

1.《阿甘正传》	《Ā Gān Zhèngzhuàn》	*Forrest Gump*
2.《泰囧》	《Tàijiǒng》	*Lost in Thailand*
3.《摩登时代》	《Módēng Shídài》	*Modern Times*

词语练习：选择合适的词语完成句子

栩栩如生　艰辛　饱满　考量　共鸣　精湛　切身　格局

1. 这部小说非常贴近生活，引起了广大读者的________。
2. 这幅作品画得________，看着像是可以闻到花香、听到鸟鸣。
3. 学生们个个精神________，动作整齐有力，姿势优美。
4. 这款手机的上市使得手机市场又形成了一种全新的________。
5. 尽管前路充满________，我们还是会奋勇向前，毫无畏惧。
6. 我们将重新________是否要继续推进这一计划。
7. 这件事关系到大家的________利益，希望大家能够重视。
8. 别看那个男孩儿个子很小，他的篮球技术却是非常________。

学习提示： 06-02-02

了解如何评价一部电影，并深入了解好评和差评产生的原因。

通常来说，评价电影首先考虑的是剧情，看电影情节设计得怎么样，有没有把故事本身清晰完整地表达出来；接下来，要关注一下电影的题材，是不是富有深意，能不能引起观众的共鸣；再次要考量的就是演员的演技，是否把人物刻画得饱满丰富、生动形象；最后就是要看电影的拍摄手法是否精湛、视觉效果是否震撼，有没有起到锦上添花的作用。

对电影的评价有时会具有普遍性。比如美国电影《阿甘正传》传达的就是一种憨厚可爱却又积极向上的人生态度——不要在意别人的看法，只要把事情做好，就会有回报。这种具有正能量的电影，哪个国家、哪个年代的观众都会认同，它所表现的主题超越了时间和地域。

然而，对一部电影的评价，常常会出现好坏参半的情况，这是由于每个观众的切身经历、知识背景、情绪情感、观影条件都不相同。简单来说，电影评价本身就是带着个人感情的，因此很难有统一的标准。以中国电影《泰囧》为例，有的观众认为这是一部好电影，因为他们在观影过程中获得了快乐，感受到了泰国的异国风情，同时还发现了人性的美好。那为什么有的人会觉得《泰囧》是烂片呢？可能有的观众看过《摩登时代》，认为电影在搞笑中栩栩如生地展现了工人的艰辛生活，相比之下，《泰囧》就显得格局不足，深度不够了。也有可能观众本身就有一种先入为主的看法，认为目前的中国喜剧跟世界还是存在差距，无论《泰囧》怎么演也入不了他的眼，直接判定为烂片。甚至有的人在电影院看这部电影的时候，一直有小孩儿在旁边哭闹，后面的人还踢自己的椅子，观影体验差，因此就给了差评。这些就是我们所说的电影评价的特殊性。

选自《如何评价一部电影》，作者：杨涵。有删改。

理解与练习

一、根据所给关键词语复述课文

1. 评价电影　考虑　关注　考量　锦上添花

2.《阿甘正传》 传达 正能量 认同 主题

3. 好坏参半 由于 简单来说 统一的标准

4.《泰囧》 获得 感受 格局 深度

二、根据课文，回答问题

1. 观众常常如何评价一部电影？会从哪些角度出发来评价？

____

____

2. 电影的评价常常具有哪两种特性？

特性一：________________________________

特性二：________________________________

3. 简单概括一下：为什么对电影的评价很难有统一的标准？

____

____

____

交流与实践

三、小组活动

根据课文，补充信息，并做课堂口头汇报。

电影《泰囧》	
好评原因	差评原因
（1） （2） （3）	（1） （2） （3）

四、拓展实践

根据题材可以给电影划分不同的类型，如纪录片、文艺片、科幻片等。课文中说评价电影很难有统一的标准，请大家分3个小组列出不同类型电影的评价角度和评价标准，并请每个小组派1～2名代表进行课堂口头汇报。

电影类型	评价角度（供参考）	评价标准
纪录片	（1）背景知识 （2）解说词 ……	
文艺片	（1）情节 （2）语言 ……	
科幻片	（1）剧情 （2）特效 ……	

五、集体讨论

在世界电影中，翻拍或者拍摄续集的情况非常常见，但是有时候同一部电影前后两个版本的口碑却会呈现两极化的状态，请大家搜索并阅读网络上关于此类电影的不同评论帖，通过总结与归纳，说一说观众的主要观点。（提示：可以参考使用以下常用电影评价句式）

电影评价常用句式：

在……中，镜头语言表现得十分到位。

影片通过……视角，折射出……的现实。

……的运用，对于表现影片主题起到了强化作用。

……剧情跌宕起伏，环环相扣。

……中，音效的使用增强了电影的感染力和冲击力。

……的纪实风格，有着浓浓的写实气息。

作为一部……片，影片叙事流畅，没有拖泥带水的感觉。

整部……情节老套，缺乏新意，让观众没有看下去的动力。

在……中，演员表情呆滞，完全没有塑造出人物的性格。

……，画面粗糙，只能大量用特技来掩饰影片的缺陷，效果适得其反。

线上小课堂 06-02-01

学习慕课《通用学术汉语·如何成为一个评价达人？》，了解评价需要注意的问题。

进行评价时需要注意的问题

在进行评价的时候，一定要客观准确。

首先要避免带有非常鲜明的主观色彩，避免“先入为主”，也就是说不要让先听到的说法或先获得的印象在头脑中占主导地位。

其次要避免产生“晕轮效应”。“晕轮效应”又称“成见效应”“光环效应”“日晕效应”，指在人际交往中所形成的以点代面或以偏概全的主观印象。“晕轮效应”往往产生于评价者对评价对象的了解还不深入的情况下，换句话说，对评价对象的认识仅仅处于感觉知觉阶段的时候，容易受感觉知觉的表面性、局部性和知觉所带来的选择性的影响，对于评价对象的认识仅仅专注于一些特别突出的特征，并将这种特征泛化到其他特征，从而形成整体印象。

因此，我们首先要对评价对象进行深刻的分析，可以通过各种途径寻找与评价对象相关的文献资料，从客观的角度认识这一对象。当然，我们还可以挖掘文化背景，找出某些错误看法的形成原因，在评价的时候加以重视，避免戴着有色眼镜去看待评价对象。

课文三 中国动漫的希望

生词表

06-03-01

1. 改编	gǎibiān	adapt
2. 满怀	mǎnhuái	be full of
3. 奇幻	qíhuàn	fantastic
4. 持	chí	hold (a view, an opinion, etc.)
5. 纠结	jiūjié	be in a dilemma
6. 幼稚	yòuzhì	immature
7. 短缺	duǎnquē	be short; lack
8. 缺口	quēkǒu	gap; shortfall
9. 反差	fǎnchā	contrast
10. 粗糙	cūcāo	rough
11. 丑萌	chǒuméng	ugly but cute
12. 贴合	tiēhé	fit; suit
13. 桀骜不驯	jié'ào-bùxùn	wild and intractable
14. 特效	tèxiào	special effect
15. 绚丽	xuànlì	gorgeous; splendid
16. 跻身	jīshēn	ascend; join the ranks of

专有名词

1. 哪吒	Nézhā	Nezha, a figure in Chinese mythology
2.《复仇者联盟 4》	《Fùchóuzhě Liánméng 4》	*Avengers 4*
3. 好莱坞	Hǎoláiwù	Hollywood

词语练习：选择合适的词语完成句子

贴合　满怀　短缺　持　幼稚　绚丽　纠结　跻身

1. 这项议题刚刚提出，多数人对此________观望态度。
2. 她最近很________，不知道自己应不应该选择这份职业。
3. 这个地区多年来水资源________，人民生活十分艰难。

4. 曾几何时，这家公司竟然已经________于世界五百强之列了。
5. 这个游戏的画面十分________，吸引了大批玩家。
6. 这本小说写得生动形象，完美________现代都市生活。
7. 这小伙子工作时总是________激情，干劲十足，得到了领导的赞赏。
8. 有些年轻人缺乏实践经验，看问题往往比较________。

学习提示： 06-03-02

看看对动画电影《哪吒之魔童降世》，观众是怎么评价的。了解在进行评价的时候，应当如何避免出现先入为主的问题。

《哪吒之魔童降世》是一部改编自中国神话故事的国产动画电影，该电影于 2019 年 7 月 26 日上映，是国内首部 IMAX 动画电影。在上映之前，有很多人是满怀期待的，因为以神话故事为题材的动画电影往往带有奇幻的色彩，非常吸引观众的眼球。然而还有很多人是持怀疑态度的，他们在纠结值不值得走进电影院去一探究竟。

这是为什么呢？因为大家普遍认为，国产动画电影跟欧美、日本动画电影还存在着一定的差距。首先，欧美、日本制作的动画电影可以算是艺术电影，而国产动画电影则相对比较幼稚，不论从剧情还是从造型来看，一般只适合 12 岁以下的儿童观看；其次，国内动画人才比较短缺，动画产业的飞速发展和动画人才的缺口形成了明显的反差，因此很多动画特效制作得比较粗糙，电影场景也不够精美。

然而，当观众亲眼看到这部《哪吒之魔童降世》的时候，那些先入为主的看法就完全被颠覆了。这部电影在角色形象的设计方面非常成功。作为主角，哪吒并不像往常的电影中那样英俊帅气，而是变身“丑萌”的魔童，完美贴合哪吒桀骜不驯的性格，显得十分真实和饱满。更为重要的一点是，这部动画电影的特效非常强大。1600 多名动画制作人员在经过 5 年的努力奋斗之后，完成了 1400 多个特效镜头的制作。这使得这部电影的打斗场景自然绚丽，达到了最佳的效果。

据专业数据统计，截至 2019 年 8 月 21 日，《哪吒之魔童降世》的票房已达 42.39 亿元，超过《复仇者联盟 4》的 42.38 亿元，跻身中国票房纪录第三名。“红鲤动画”的 CEO 戈弋这样说：“我们和顶级动画公司还相差甚远，希望在我的有生之年可以追赶上他们。但是全世界又有几个皮克斯和好莱坞呢？……中国的动漫充满希望！”

选自荔枝新闻文章《1400 个特效镜头历时 5 年？〈哪吒〉特效团队揭秘“高燃”内幕！》，有删改。

理解与练习

一、模仿下列语句中的表达形式，说一个完整的句子，不限话题

1. 在上映之前，有很多人是满怀期待的，因为以神话故事为题材的动画电影往往带有奇幻的色彩，非常吸引观众的眼球。

……满怀期待，以……为题材，带有……色彩，吸引……

2. 动画产业的飞速发展和动画人才的巨大缺口形成了明显的反差，因此很多动画特效制作得比较粗糙，电影场景也不够精美。

…… 和…… 形成了明显的反差，因此 ……粗糙（同类贬义词），……不够精美（同类褒义词）

3. 作为主角，哪吒并不像往常的电影中那样英俊帅气，而是变身“丑萌”的魔童，完美贴合哪吒桀骜不驯的性格，显得十分真实和饱满。

作为……，并不像往常……，而是变身……，显得……

4. 这部动画电影的特效非常强大。1600 多名动画制作人员在经过 5 年的努力奋斗之后，完成了 1400 多个特效镜头的制作。这使得这部电影的打斗场景自然绚丽，达到了最佳的效果。

……非常强大，在经过……之后，……，这使得……，达到了……

二、根据课文，选择正确答案（多选）

1. 有人认为中国动画电影还落后于欧美、日本动画电影，是因为（　　）。

A. 中国动画电影的剧情和造型还不够成熟

B. 中国动画电影投入的资金还不够

C. 中国从事动画电影制作的人才不够

D. 中国动画电影市场只面向12岁以下的儿童

2. 电影《哪吒之魔童降世》的成功之处在于（　　）。

A. 哪吒这个人物的知名度很高

B. 哪吒的形象设计得非常符合其性格

C. 电影的场景非常绚丽

D. 电影有强大的动画特效制作团队

3. 下列哪项属于先入为主的评价？

A. 这个电视机价格很贵，质量一定不错

B. 那家饭店排队的人很多，菜的味道一定很好

C. 他总是西装革履的，一定是一个成功人士

D. 他比我老很多，跑步一定不如我快

三、根据课文，回答问题

1. 为什么人们会纠结值不值得去电影院看《哪吒之魔童降世》这部电影？

____

____

2. 在大部分的电影中，英雄的形象往往是什么样的？

____

____

3.《哪吒之魔童降世》这部电影的意义在于哪里？

____

____

交流与实践

四、拓展实践

拓宽思路，试着从下面的角度考虑如何进行评价。

课文中“红鲤动画”的CEO戈弋说：“我们和顶级动画公司还相差甚远。”那么顶级动画公司有哪些呢？相信大家都非常了解迪士尼公司，作为全球第一大动画公司，它为我们出品了太多经典之作，如《冰雪奇缘》《疯狂动物城》《寻梦环游记》《狮子王》等等。请大家选取其中的三部动画电影，按照下面表格的思路，对其进行评价。

电影名称	角色形象	动画特效	故事情节	深层思想	原声音乐	其他
相对性评价：迪士尼动画电影处于世界领先地位的原因是什么？ 你们国家的动画电影跟迪士尼动画电影的差距在哪里？						

五、小组活动

在评价一部电影（或商品、事件、人物）时，常常因为哪些因素会出现“先入为主”的问题？和小组成员分享对电影（或商品、事件、人物）进行评价时失败或错误的案例，总结应如何避免“先入为主”的经验。

课文四　畅享中国风

生词表

06-04-01

1. 自然而然	zìrán'érrán	naturally; automatically
2. 先声	xiānshēng	forerunner; herald
3. 停滞	tíngzhì	stagnate; be at a standstill
4. 以偏概全	yǐpiān-gàiquán	be lopsided; generalise
5. 典故	diǎngù	classical allusion
6. 偏向	piānxiàng	tend to; lean towards
7. 婉转	wǎnzhuǎn	melodious
8. 精练	jīngliàn	concise; succinct
9. 修辞	xiūcí	rhetoric
10. 借代	jièdài	rhetorical devices such as metonymy
11. 意境	yìjìng	artistic conception
12. 离愁	líchóu	sorrow of parting
13. 伫立	zhùlì	stand still for a long time
14. 苛责	kēzé	criticize severely
15. 遐想	xiáxiǎng	indulge in reverie
16. 悲凉	bēiliáng	desolate
17. 博大精深	bódà-jīngshēn	broad and profound
18. 转而	zhuǎn'ér	instead; in turn
19. 文化认同	wénhuà rèntóng	cultural identity
20. 划时代	huàshídài	be epoch-making

词语练习：选择合适的词语完成句子

转而　先声　精练　遐想　博大精深　偏向　停滞　意境

1. ________的中国文化，吸引了一大批外国友人。
2. 沉迷于游戏，就是他在学习上________不前的根本原因。
3. 在电子商务方面没有取得成功，公司________开始进军物流行业。

4. 同学们要努力钻研，求实创新，成为这个时代的________。
5. 你不要一直重复说明同一个问题，用词尽量要________一些。
6. 未来十年的合作伙伴，我们还是________于选择星洲影视公司。
7. 将背景换成墨蓝色，增加了这部电影奇幻的________。
8. 在空旷的草原上，望着无边无际的天空，我产生了无尽的________。

学习提示： 06-04-02

了解什么是中国风音乐。对这种音乐风格应该怎么客观全面地进行评价？怎么避免发生以偏概全的错误？

说到中国风，自然而然就会想到周杰伦。从《东风破》到《青花瓷》，再到《菊花台》《千里之外》……他开创了“华语流行音乐中国风”的先声，他的出现打破了亚洲流行乐坛长年停滞不前的局面，为亚洲流行乐坛翻开了新的一页。有的人说，周杰伦的中国风就是用中国乐器来演奏西方 R&B 曲风的音乐。这样的评价是不准确、不全面的，犯了以偏概全的错误。

首先，就中国风的定义来说，它指的是在歌曲中加入一些中国古代典故作为创作背景，用现代的音乐唱出古典的味道，其唱法具有多样性的特点。曲风偏向传统的东方演奏风格，加入东方乐器，曲子音调婉转，有一种传统东方的美感。其次，中国风歌曲的歌词也是独具特色的，词风注重语言的简洁、精练，引用了许多古代的经典诗文，并通过汉语的一些修辞手法，如比喻、借代等来表现歌曲的意境。

在上文中提到过周杰伦的代表作《东风破》，它的歌词是这样写的：“一盏离愁孤单伫立在窗口，我在门后假装你人还没走。旧地如重游月圆更寂寞，夜半清醒的烛火不忍苛责我。……篱笆外的古道我牵着你走过，荒烟蔓草的年头就连分手都很沉默。”这首歌的歌名本身就是古词牌名，这种仿古小调的曲风配上二胡、琵琶的演奏，听后很容易让人进入唐诗宋词的遐想之中。歌词中出现的“离愁”“烛火”“古道”等充满古典意象的词语更是营造出了悲凉的气氛。

中国文化博大精深，这让中国风词曲作者的灵感不再局限于现代的爱情之中，转而赋予了音乐中国文化强大的生命力。中国风歌曲第一次被年轻人广泛接受，增强了他们对祖国的文化认同与崇拜。中国风在中国流行音乐发展史上具有划时代的意义。

理解与练习

一、模仿下列语句中的表达形式，说一个完整的句子，不限话题

1. 说到中国风，自然而然就会想到周杰伦。从《东风破》到《青花瓷》，再到《菊花台》《千里之外》……他开创了“华语流行音乐中国风”的先声。

说到……，自然而然……，从……到……，……开创了……

2. 就中国风的定义来说，它指的是在歌曲中加入一些中国古代典故作为创作背景，用现代的音乐唱出古典的味道，其唱法具有多样性的特点。

就……的定义来说，它指的是……，其……

3. 这首歌的歌名本身就是古词牌名，这种仿古小调的曲风配上二胡、琵琶的演奏，听后很容易让人进入唐诗宋词的遐想之中。

……本身就是……，这种……，很容易让人……

4. 中国文化博大精深，这让中国风词曲作者的灵感不再局限于现代的爱情之中，转而赋予了音乐中国文化强大的生命力。

……，这让……不再局限于……，转而……

二、根据课文，回答问题

什么是“中国风流行音乐”？请从三个方面，简要概括它的主要特点。

1. ______________________________

2. ______________________________

3. ______________________________

三、根据课文，选择正确答案（多选）

1. 下列哪项是以偏概全的评价？

A. 一篇小说好不好，就看它的故事精彩不精彩

B. 他的人生很成功，就是因为他拥有全国最大的公司

C. 人靠衣装，一个人穿得怎么样决定了他的气质

D. 患难见真情，在危急的时刻才能看出谁是你真正的朋友

2. “中国风”的意义在于哪些方面？

A. 反映了博大精深的中国文化

B. 赋予了音乐强大的生命力

C. 让年轻人更多地了解传统的中国文化

D. 丰富了流行歌曲的风格

交流与实践

四、小组活动

案例：某大学的小李一直在学习方面表现优异，各门专业课成绩都能达到 90 分以上。然而，他从来不参加学校组织的任何活动，运动会、义务劳动、演讲比赛等他一点儿也不关注。于是，老师给他的综合评分只有“A-”，他也因此没能获得奖学金。小李对此事非常不满，他找到老师申诉说：“是不是好学生，难道不是看学习成绩吗？得不到奖学金，不就是在说他不是一个好学生吗？”

你们觉得这样的观点正确吗？你们对此的评价是怎样的？

五、拓展实践

下面是周杰伦《青花瓷》的歌词，请大家检索这首歌的相关资料，从曲风、词风、乐器使用、编曲等方面对它进行评价。

青花瓷

作曲：周杰伦

作词：方文山

素坯勾勒出青花笔锋浓转淡
瓶身描绘的牡丹一如你初妆
冉冉檀香透过窗心事我了然
宣纸上走笔至此搁一半
釉色渲染仕女图韵味被私藏
而你嫣然的一笑如含苞待放
你的美一缕飘散
去到我去不了的地方
天青色等烟雨　而我在等你
炊烟袅袅升起　隔江千万里
在瓶底书汉隶仿前朝的飘逸
就当我为遇见你伏笔
天青色等烟雨　而我在等你
月色被打捞起　晕开了结局
如传世的青花瓷自顾自美丽
你眼带笑意
色白花青的锦鲤跃然于碗底
临摹宋体落款时却惦记着你
你隐藏在窑烧里千年的秘密
极细腻犹如绣花针落地
帘外芭蕉惹骤雨门环惹铜绿
而我路过那江南小镇惹了你
在泼墨山水画里
你从墨色深处被隐去

课文五 文化大众化

生词表 06-05-01

1. 大众化	dàzhònghuà	popularize
2. 承载	chéngzài	bear the weight of; carry
3. 贴近	tiējìn	be close to
4. 诠释	quánshì	interpret
5. 浅显	qiǎnxiǎn	plain; simple
6. 掀	xiān	lift; raise
7. 涌现	yǒngxiàn	emerge in large numbers
8. 否认	fǒurèn	deny
9. 淡忘	dànwàng	fade from one's memory
10. 遗弃	yíqì	abandon
11. 延续	yánxù	carry on; continue
12. 富足	fùzú	rich
13. 精神文化	jīngshén wénhuà	spiritual culture
14. 层次	céngcì	level
15. 低俗	dīsú	vulgar
16. 泛娱乐化	fànyúlèhuà	pan-entertainment
17. 恶搞	ègǎo	spoof; parody
18. 作秀	zuòxiù	grandstand
19. 曲解	qūjiě	misinterpret
20. 俗套	sútào	stereotypical
21. 光辉灿烂	guānghuī cànlàn	brilliant and splendid

词语练习：选择合适的词语完成句子

否认　富足　承载　诠释　曲解　俗套　淡忘　浅显　遗弃　光辉灿烂

1. 公司发布了声明，________了网络上的一些传言。
2. 这本厚厚的日记本上________着无数令人感动的回忆。
3. 她很有爱心，时常照顾大街上被________的流浪猫。

4. 中华民族的祖先用勤劳和智慧创造了________的华夏文明。
5. 随着时间的流逝，这件事被人们渐渐地________了。
6. 我并没有说要解除合同，请不要________我的意思。
7. 经过多年的辛勤劳动，人们终于过上了________的生活。
8. 荒原上一棵小草的成长________了大自然无穷无尽的生命力。
9. 这本书的内容________易懂，非常适合做孩子的启蒙教材。
10. 最近上映的电影都是讲爱情的分分合合，未免有些________。

学习提示： 06-05-02

了解文化大众化的概念，以及对文化大众化的不同评价。同时，将评价转向社会现象和学术方面，不仅局限于影视音乐等娱乐性评价。

在每个国家的电影、电视剧、音乐，甚至是一些娱乐节目中，都会有传统文化的影子。在之前的课文中我们看到，《英雄》反映的是武侠文化，《哪吒之魔童降世》展示的是神话故事，《青花瓷》承载的是陶瓷文化和东方音乐文化。用这些比较贴近大众生活、比较容易被大众接受的形式来传播传统文化，我们称之为文化大众化。

从 20 世纪末到 21 世纪初，中国的文人学者、影视传媒都在以自己独特的方式诠释、传播各种中国传统文化。比如：《百家讲坛》是中央电视台科教频道 2001 年 7 月 9 日开播的讲座式栏目，它以通俗浅显的语言解读了许多中国古代名著，其中包括《论语》《史记》《资治通鉴》等。通过大众化的讲座向大家推广、普及中国历史方面的知识，从春秋战国讲到了两汉三国，再到隋唐五代、宋元明清。《百家讲坛》在社会上掀起了一股前所未有的国学热，对传统文化的现代化、大众化做出了非常有益的探索。与此同时，还涌现出了一大批以传统文化为题材的优秀影视作品，像《三国演义》《变脸》《梅兰芳》等，都受到了观众们的广泛欢迎。

那么我们应该如何来评价这一普遍存在的现象呢？

不可否认，文化大众化是具有积极意义的。一方面，可以看到，传统文化的表达形式一定程度上阻碍了其在现代社会的传播，于是某些传统文化正在被人们淡忘甚至遗弃。而通过文化大众化这种方式，可以让悠久的传统文化得以延续，让优秀的民族特色得以保持。另一方面，经济在发展，社会在进步，日益富足的人们在追求物质财富的同时，精神文化需求也不断提升。采用电影电视、文娱活动等形式进行文化传播，有助于大众提高文化水平，从而丰富精神生活。

客观来看，文化大众化的问题还是存在的。首先，大众化过程缺乏层次，有时甚至会出现低俗化、泛娱乐化的情况，尤其是在网络上，“恶搞”“作秀”成了一种“文化时尚”，从某种意义上来说，这实际上就是对文化的曲解。其次，大众化过程缺乏创新，文化重复制作现象比较严重。据统计，金庸的十五部武侠小说已经被拍了不下六十次，重复率之高让人难以置信。尽管每隔一段时间就有新的电视剧开播，但是许多作品内容空洞俗套，缺乏质量上的突破。

当然，每个国家文化大众化的情况各不相同，要从实际出发，客观地进行评价，这样才能总结出经验，更好地传承光辉灿烂的传统文化。

选自《21 世纪我国文化大众化问题探析》，作者：齐敏。有删改。

理解与练习

一、模仿下列语句中的表达形式，说一个完整的句子，不限话题

1.《百家讲坛》在社会上掀起了一股前所未有的国学热，对传统文化的现代化、大众化做出了非常有益的探索。

……掀起了……热，对……做出了有益的探索

2. 不可否认，文化大众化是具有积极意义的。一方面，可以看到，传统文化的表达形式一定程度上阻碍了其在现代社会的传播，于是某些传统文化正在被人们淡忘甚至遗弃。

不可否认……，可以看到……，一定程度上……，于是……

3. 采用电影电视、文娱活动等形式进行文化传播，有助于大众提高文化水平，从而丰富精神生活。

采用……等形式……，有助于……，从而……

4. 大众化过程缺乏层次，有时甚至会出现低俗化、泛娱乐化的情况，尤其是在网络上，“恶搞”“作秀”成了一种“文化时尚”，从某种意义上来说，这实际上就是对文化的曲解。

……缺乏……，有时甚至……，尤其是……，从某种意义上来说……

二、应用之前学过的技能，给“文化大众化”下一个定义

文化大众化：____

三、根据课文，回答问题

1. 文化大众化的积极意义主要有哪些？请做简要概括。

____

____

2. 文化大众化主要存在哪些问题？请做简要概括。

____

____

交流与实践

四、小组活动

文化大众化在世界范围内广泛存在，在你们国家，一定也会有这样的现象。试着找一个有积极意义的案例和一个有消极意义的案例，进行客观的分析和评价。

案例名称	案例内容	评价
		（1） （2） （3） ……
		（1） （2） （3） ……

线上小课堂 06-05-01

学习慕课《通用学术汉语·如何成为一个评价达人？》，了解学术评价和学术综述。

学术评价和学术综述

学术评价即将学术研究成果分为不同的等级水平。在各种基于内容的学术评价方法中，最典型的评价模式是学术综述，这是学术评价的最好方法。其原因有两条：

一是，写综述的学者本身就是这个领域的研究者，甚至是领先的研究者，他们对所讨论的研究课题有比较深刻的理解，具有比较敏锐的学术洞察力。

二是，学术综述是基于研究内容的评估，遵循的是学科本身的内在逻辑和研究范式，可以比较准确地描述出该学科研究的现状和发展趋势，由此可以比较准确地对学术研究成果做出评价。

在做学术评价 / 综述的时候，我们需要关注：

一、该项学术研究成果是否具有研究的价值，是不是被学术界认为是值得研究的。

二、该项学术研究成果是否具有新颖性，是不是一个前沿性的研究成果。

三、该项学术研究成果是否具有启发性，能不能引起其他学者的关注和进一步的研究兴趣。

五、综合实践与运用

在你的专业领域中，找一篇中文学术综述，详细阅读其内容，并完成表格。

<table>
<tr><td colspan="2">研究领域：</td></tr>
<tr><td colspan="2">摘要：</td></tr>
<tr><td>研究价值</td><td></td></tr>
<tr><td>研究新颖性</td><td></td></tr>
<tr><td>研究启发性</td><td></td></tr>
</table>

本单元学习评估：复习所学，及时总结

使用康奈尔笔记法有效地记笔记，并定期复习，提高学习效率。

（记下关键词、重点句和问题）	（记录授课内容）

（写下对本单元所学的反思以及对重要问题的回答）

任务一：小组讨论与发表

学习提示：网络时代的社交媒体已深深地融入我们的日常生活，那么它到底对人与人之间的交流方式产生了哪些影响呢？

小组讨论任务一：

根据下面的表格，讨论通过社交媒体交流与传统面对面交流的差异。

比较项	社交媒体上的交流	传统的面对面交流
即时性的差异		
交流方式的差异（语言交流以外的辅助交流方式）		
交流内容的可转述性和可重复性		
所交流内容的传播力		
其他方面		

小组讨论任务二：

通过社交媒体进行交流的时候，只要参与交流的人都掌握一定的网络知识，并遵守网络社区的共识，人们就可以突破地理位置和时间的局限，与跟自己文化背景和生活背景不同的人沟通。请从交流者的特点、交流平台的特点、交流主题的特点等多个方面进行分析，谈谈通过社交媒体进行交流的主要特点。

讨论结果整理

通过社交媒体进行交流的主要特点：

1. ____________________

2. ____________________

3. ____________________

小组讨论任务三：

社交媒体的出现和流行对我们的日常生活产生了巨大影响，讨论、总结这些影响，并从正面和负面两个方面进行全面客观的评价。

序号	社交媒体对生活的影响	评价
1		
2		
3		
……		

任务二：篇章写作训练

学习提示：通过小组讨论，你们完成了对社交媒体上的交流与面对面交流的对比，分析了通过社交媒体进行交流的特点，并对社交媒体给日常生活带来的影响进行了评价。基于以上讨论内容，参考下列写作框架，围绕“社交媒体对生活的影响”这一主题完成一篇不少于 800 字的作文，题目自拟。

参照下面的“写作准备”，对本次专项写作所需要的相关技能、表达形式等，做必要的复习和整理。

写作准备：

- 确定选题——提出自己的主要问题或主要观点
- 查找资料——了解重要概念的定义与分类

复习“质疑”和“评价”的主要表达形式

通过以上的复习和整理，相信你已经对本次写作任务做了必要的准备。接下来，参照下面的“写作结构”，把思考过程和思考结果整理成完整的书面表达。

写作结构：

第一部分

- 导入：选题的相关背景、写作的主要目的等。

第二部分

- 简要介绍：和选题有关的信息及资料等，参考文献所反映的主要（或不同）观点等。

第三部分

- 主体部分：说明通过社交媒体进行交流与面对面交流的差别，分析通过社交媒体进行交流的主要特点，并就社交媒体带来的影响进行论述和评价。

第四部分

- 内容总结：总结主要观点。

写作要求：

（1）确定选题，自拟题目，题目要完整、清楚。

（2）合理运用“质疑”与“评价”对社交媒体的优缺点进行说明。

（3）语言表述客观、准确、流畅，尽量避免过于口语化的表达。

（4）不少于 800 个汉字。

题目：________________

800

【参考文献】

本课学习评估：复习所学，及时总结

使用康奈尔笔记法有效地记笔记，并定期复习，提高学习效率。

（记下关键词、重点句和问题）	（记录授课内容）

（写下对本课所学的反思以及对重要问题的回答）

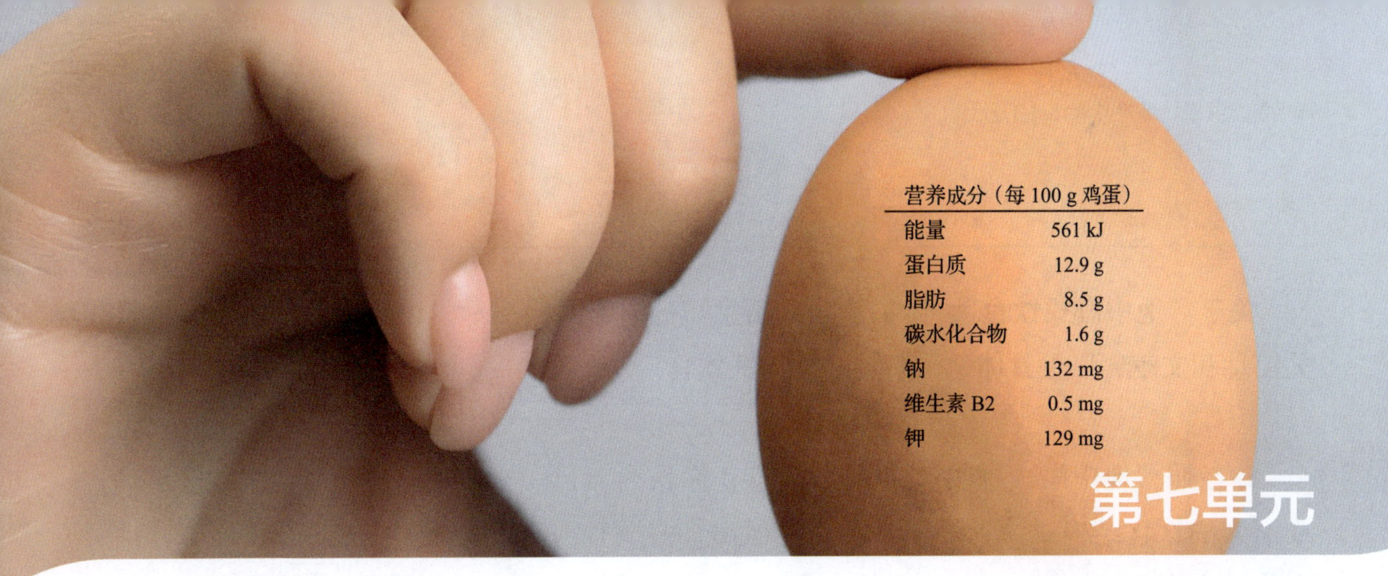

第七单元

成分陷阱

科学永远对抗着迷信以及一切蒙昧无知的思想。

——竺可桢

Science is always against superstition and all ignorant thoughts.

—Zhu Kezhen

学习目标

复习学术技能

- **比较**：通过辨析同类事物的差异或者不同事物的共同点，发现对象的本质特征。
- **解释**：通过举例、假设、类比、列数据等方法，准确、简练地说明事物的种差和属。
- **归纳概括**：特殊到一般的推理，包括分类、归类、分析、综合、抽象等一系列思考过程。
- **论证**：用理性方法说服目标受众接受论证者的主张、立场、看法和观点。
- **质疑**：从思维的清晰性、精确度、准确度、联系性等方面发现问题，提出问题。
- **评价**：对人或事物进行客观、准确的判断分析并得出结论。

复习语言技能

熟练运用比较、解释、归纳概括、论证、质疑和评价等思辨活动的常用表达形式。

热身

关于“地中海式饮食”，你了解哪些信息？根据下面的图示，讨论以下话题。并检索相关信息和文献，以更具体地了解“地中海式饮食”。

1. 参照“地中海式饮食”的图示信息，你认为自己或家人的饮食结构或饮食习惯是否需要做出某些调整或变化？为什么？

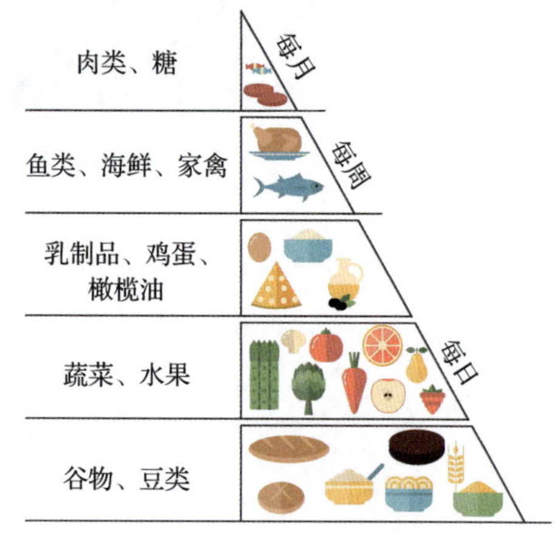

“地中海式饮食”

2. 充分了解“地中海式饮食”所包括的内容，并归纳什么是“地中海式饮食”。

3. 为确认“地中海式饮食”的科学性，你认为应该通过哪些方法进行论证？

课文一 成分陷阱

生词表 07-01-01

1. 成分	chéngfèn	ingredient
2. 陷阱	xiànjǐng	pitfall; trap
3. 蛋白质	dànbáizhì	protein
4. 维生素	wéishēngsù	vitamin
5. 番茄红素	fānqiéhóngsù	lycopene
6. 胡萝卜素	húluóbosù	carotene
7. 富含	fùhán	be rich in
8. 血糖	xuètáng	blood sugar
9. 误解	wùjiě	misunderstand
10. 风靡	fēngmǐ	be fashionable
11. 益	yì	benefit
12. 癌症	áizhèng	cancer
13. 率	lǜ	rate
14. 接触	jiēchù	touch; contact
15. 石棉	shímián	asbestos
16. 随机	suíjī	random
17. 对照	duìzhào	compare
18. 伦理	lúnlǐ	moral principles

词语练习：选择合适的词语完成句子

成分　富含　胡萝卜素　风靡　随机　对照　伦理　陷阱

1. 人体所需的蛋白质，不仅存在于肉、蛋和奶制品中，大豆和干果中也________蛋白质。

2. ________抽样法，是指依照机会均等的原则，从总体中抽取样本的方法。

3. 他是一位伟大的演员，他的作品和表演曾________一个时代。

4. 许多人认为，科学技术带给人类的是福还是祸，往往取决于人类自身的道德水平，因此科技需要________的约束。

5. ________为人体提供必要的维生素 A，它的主要食物来源是深色蔬菜和水果。

6. 为了方便外国游客，街头的路牌说明都采用了中文和外文相________的形式。

7. 这家网站可以帮助你进行化妆品________分析，让你了解自己所使用的化妆品是否安全。

8. 你是不是常常被营销广告和优惠链接所吸引？做一个理性的消费者，需要在消费前识破商家设置的“消费________”。

学习提示： 07-01-02

你在超市里购买食物或饮料时，会不会查看成分表？对于自己喜爱的某类食物或饮料，你是否认为应该清楚它的成分？

当我们谈论食物的时候，请首先把“食物”（例如肉、蔬菜）和“成分”（例如蛋白质、维生素）两个概念区分开。例如：

食物	成分
猪肉	蛋白质、维生素 B1
番茄	番茄红素、维生素 C、糖分
南瓜	β－胡萝卜素、维生素 C、糖分
白米	糖分、蛋白质

苹果和柑橘是水果，也是食物，它们都富含维生素 C 和糖分。一些减肥方法中提到，水果的糖分含量较高，果糖会提高人体的血糖值，为了防止发胖应避免食用水果。实际上，如果单纯摄入果糖，血糖水平会显著升高；如果食用整个水果，血糖水平并不会大幅提升。简单地说，即使摄入果糖的量相同，由于摄入的内容不同，对血糖水平的影响也会有差异。因此，这实际上是由只关注成分而引起的误解。

富含 β－胡萝卜素的饮料曾经风靡一时，然而现在它们似乎已经退出了历史舞台，这大约不只是流行风尚转变的问题，更多的是因为有研究表明：富含 β－胡萝卜素的饮料不仅对健康无益，反而可能有害。

当年一项关于生活方式与癌症发展关系的调查，认为食用大量黄绿色蔬果的人胃癌和肺癌的发生率较低，人们由此认为是这些蔬果中的 β－胡萝卜素起到了预防作用。然而，对吸烟者和接触石棉的人的一项随机对照实验发现，β－胡萝卜素不仅不能预防肺癌，还会增加患肺癌的风险。在这种情况下，实验没有再继续下去，否则就超出了伦理范围。不过关于 β－胡萝卜素的许多其他研究表明，β－胡萝卜素还会增加其他癌症的发生率，而且它对女性的健康危害可能要大于男性。食用黄绿色蔬菜有助于降低患病风险，但是直接摄入从中提取的 β－胡萝卜素反而会增加患病风险。这些研究使人们认识到，食物比成分更重要。健康饮食应关注的是食物内容和饮食习惯，选择对自己有益的食物，而不是落入成分的陷阱。

选自《饮食真相》，作者：津川友介，杨博荣译。有删改。

理解与练习

一、根据课文，回答问题

以下观点，作者认为是正确还是错误的？他是如何进行论证的？

1. 观点一：为防止发胖，避免食用水果，以减少果糖摄入。

作者的观点：□正确　　　□错误

作者的主要论据和主要论证方法：

____

2. 观点二：β－胡萝卜素有助于预防癌症。

作者的观点：□正确　　　□错误

作者的主要论据和主要论证方法：

____

二、根据课文，回答问题

通过果糖和 β－胡萝卜素的例子，可以得出怎样的结论？可参照以下信息和思路，组织、整理内容。

1. 果糖的例子，说明：________________________________

2. β－胡萝卜素的例子，说明：____________________________

3. 这两个例子，共同说明：______________________________

交流与实践

三、小组讨论

根据课文和相关知识，以及检索到的必要的资料信息，与小组成员讨论：关于“食物”和“成分”，为什么需要做出区分？应该如何选择？

参照下面的表格，完成相应的解释和说明。

<table>
<tr><th rowspan="2">话题</th><th rowspan="2">问题</th><th colspan="2">做出解释</th></tr>
<tr><th>正面假设的例子</th><th>反面假设的例子</th></tr>
<tr><td rowspan="2">“食物”和“成分”</td><td>为什么需要区分“食物”和“成分”？</td><td></td><td></td></tr>
<tr><td>“食物”和“成分”应该如何选择？</td><td></td><td></td></tr>
</table>

课文二 扔掉加工食品？

生词表 07-02-01

1. 贡献	gòngxiàn	contribution
2. 警告	jǐnggào	warn
3. 糖尿病	tángniàobìng	diabetes
4. 步骤	bùzhòu	procedure; step
5. 加热	jiārè	heat
6. 消除	xiāochú	eliminate
7. 病原体	bìngyuántǐ	pathogen
8. 保质期	bǎozhìqī	best-before date
9. 压制	yāzhì	make by pressing
10. 混合	hùnhé	mix
11. 天壤之别	tiānrǎngzhībié	immeasurably vast difference
12. 添加	tiānjiā	add
13. 包装	bāozhuāng	package
14. 罐	guàn	tin; can
15. 精加工	jīng jiāgōng	ultra-processed
16. 外观	wàiguān	exterior; outward appearance
17. 口感	kǒugǎn	texture; taste
18. 尽	jǐn	to the greatest extent
19. 欲罢不能	yùbà-bùnéng	be unable to stop even though one wants to
20. 冷冻	lěngdòng	freeze
21. 干燥	gānzào	dry

专有名词

1. 巴氏杀菌法	Bāshì Shājūnfǎ	pasteurization
2. NOVA		a food classification framework that categorizes food according to the extent and purpose of food processing

词语练习：选择合适的词语完成句子

贡献　警告　步骤　压制　天壤之别　精加工　欲罢不能　干燥

1. 我们似乎生活在两个时代，我和他的观点有着________！

2. 父母辛苦地工作，为社会、为家庭________自己的青春和心血。

3. 这款游戏节奏紧张，玩法刺激，而且非常考验朋友之间的默契，让不少玩家________。

4. 粗加工对部件加工后的表面质量要求不高，一般都是为________做准备。

5. 请根据申请流程说明，按照规定的________完成您的申请程序。

6. 黑茶是中国特有的茶类，较多采用________茶的形式，其中以湖南安化的黑茶最为有名。

7. 在驾驶汽车的过程中，见到黄色交通标识，请注意它是一种安全________，例如提醒您前方在施工、有学校等，为了您和他人的安全，请减速慢行。

8. 让含水的蔬菜、水果，先在较低温度下实现冷冻，然后达到使其脱水（tuōshuǐ，dehydrate）的目的，这就是冷冻________技术，可以最大限度地保存食品的色、香、味。

学习提示：

07-02-02

当你准备购买或享用某种食品时，你是否认为有必要了解它的加工方式？可以从哪些途径了解它的加工方式？

我们都知道，从树上摘下的苹果和超市里的苹果酱有着完全不同的营养价值和健康价值，但是我们越来越依赖于从家庭外购买加工过的食品。

快餐在全球范围内创造的巨大经济利益，大约你我都有贡献。我们可能都收到过这样的警告：吃太多快餐和加工食品会变胖，并且会增加患心脏病和糖尿病等疾病的风险。甚至一项“吃得少而精”的运动（the clean-eating movement）指出，所有的加工食品都是有害的。

说到加工食品，你会想到哪些呢？汉堡、方便面或各类零食？实际上，我们消费的所有牛奶和奶制品在某种程度上都是经过加工的。巴氏杀菌法是牛奶加工中的一个重要步骤，它通过加热消除病原体，延长牛奶的保质期。最好的手工奶酪也是经过加热、压制，和其他配料一起混合加工而成的。但即使如此，这样的奶酪和超市里袋装的芝士片还是有着天壤之别。

那么是不是所有的加工食品都是有害的呢？以NOVA食品分类系统为例，它主要根据食品被加工的程度，将食品分为四类。第一类是未加工或加工程度低的食品，如水果、蔬菜、鱼、肉、蛋和牛奶，这是人类饮食的基础。第二类是能够使第一类食品味道更好、加工过的烹饪材料，例如各种香料、醋和油类。第三类包括在食品中添加了油、糖、盐等，并通过包装等方法进行改进的食品，例如罐装鱼、奶酪和新鲜面包等。这类食品经加工后发生了变化，但并不是说它们变得不健康了。第四类食品就是常说的精加工食品，通常使用 5～20 种从食物中提取出来的或者在实验室里合成的物质，对食品进行复杂加工，食品的外观和口感会得到尽可能的提升，往往让人欲罢不能。

所以在扔掉家里的加工食品之前，你需要区别加工食品和精加工食品。罐装的西红柿和新鲜的西红柿，营养价值往往相差不大。经过冷冻干燥技术处理的蔬菜水果，不仅保持了原有的形状和颜色，而且含有与新鲜的同类产品相当的营养成分。

选自《饮食真相》，作者：蒂姆·斯佩克特，张敬婕译。有删改。

理解与练习

一、根据所给关键词语和句式复述课文

1. 我们都知道……　营养价值　健康价值　但是　越来越　依赖于

2. 实际上，我们消费的……　在某种程度上　加工　消除　重要步骤　延长

3. 经过……处理的蔬菜水果　不仅　原有　而且　相当

二、根据课文，回答问题

参考以下表达式，对“NOVA 食品分类系统”做简要解释。

NOVA 食品分类系统：______

NOVA 食品分类系统的目的 / 主要特点：______

交流与实践

三、小组活动

对下列由同一种原料经不同加工方式而制成的食品，说说你选择它或拒绝它的理由，并和小组成员交流观点。

□薯片 理由：

□沙拉 理由：

□土豆派 理由：

□粉条 理由：

□苹果酱 理由：

□苹果派 理由：

□苹果干 理由：

□苹果汁 理由：

四、拓展实践

小组成员分成正方、反方，双方就以下话题模拟一次小型辩论会。在辩论中，重点思考如何质疑对方的观点，并做出清晰的表达。

1. 加工食品对我们是有害的 / 无害的。

2. 新鲜的水果比 / 不比罐装水果更有营养。

3. 健康饮食就是 / 不是吃得少而精。

课文三　测一测你的 BMI

生词表　07-03-01

1. 该	gāi	this
2. 肥胖	féipàng	corpulent; fat
3. 指数	zhǐshù	index
4. 放缓	fànghuǎn	slow down
5. 恰恰	qiàqià	exactly
6. 超越	chāoyuè	surpass
7. 单位	dānwèi	unit
8. 心脏	xīnzàng	heart
9. 发病	fābìng	(of a disease) attack
10. 睡眠	shuìmián	sleep
11. 均衡	jūnhéng	balanccd
12. 瘦	shòu	thin
13. 过早	guò zǎo	premature

专有名词

1. BMI		Body Mass Index
2. 疾控中心	Jíkòng Zhōngxīn	Center for Disease Control and Prevention
3.《柳叶刀》	《Liǔyèdāo》	*The Lancet*
4. 华中科技大学	Huázhōng Kējì Dàxué	Huazhong University of Science and Technology

词语练习：选择合适的词语完成句子

该　放缓　恰恰　超越　单位　均衡　过早

1. 爱上你，也许真的说不清是因为什么，大约是正好在那个时间，________遇见的是你。

2. 人生旅程中，既需要勇往直前，朝着既定的下一站奔跑；也需要________脚步，感受身边的风景。

3. “千米”“米”“厘米”“纳米”等是常用的长度________，在各领域发挥着重要的作用。

4. 这是一起由局部地区天气突然变化而引起的安全事件，________事件已引起社会的广泛关注和深入思考。

5. 关于小学生出国留学这一问题，这里主要讨论的是低龄儿童________离开父母和家庭可能产生的心理问题。

6. 他的哲学思想远远________了他所处的时代，因而不能为当时的社会大众所接受。

7. 我们在日常饮食中应该合理搭配食物，使营养________，以满足人体需要，例如一日三餐应尽量选择多样的食物，并且比例适当。

学习提示： 07-03-02

当一个人说自己太瘦或者太胖，你认为他的判断标准是什么？在什么情况下，你会关注自己的 BMI？

2021 年，由中国疾控中心领衔的研究团队在《柳叶刀》杂志上公布了中国成人身材的最新数据。该研究结果显示，2018 年中国 18～69 岁成人中，约有 8500 万肥胖人士，其中男性为 4800 万，女性为 3700 万。而在 2004 年，中国肥胖人士仅有 2800 万。也就是说，14 年间，中国 18～69 岁成人的肥胖率从 3.1% 上升到了 8.1%。

研究团队于 2004 年至 2018 年，在中国进行了 6 次全国代表性的健康调查，发现了 5 条值得关注的肥胖趋势：

1. 成人整体越来越胖。整体而言，中国成人的平均 BMI 指数从 2004 年的 22.7 上升到 2018 年的 24.4。

2. 不同地区男女情况各不相同。自 2010 年以来，城市男性、女性和农村男性的平均 BMI 和肥胖率的增长放缓，但农村女性的数据却持续稳定增长。到 2018 年，农村女性的平均 BMI 高于城市女性。

3. 受教育程度也和肥胖有关。调查发现，与受教育程度较低的女性相比，受教育程度较高的女性平均 BMI 和肥胖率始终较低，而男性的情况恰恰相反。

4. 30～49 岁的中年男人最胖。2004 年，中国男性的平均 BMI 和肥胖率均低于女性，但到了 2018 年，男性已经超越了女性，并且 30～49 岁男性的平均 BMI 和肥胖率均最高。

5. 北方人比南方人更胖一点儿。南北差异持续存在。总体而言，居住在中国北方的人群平均 BMI 比中国南方的人群高 2 个单位以上。

肥胖不仅使体重增加、腰围变大，而且会大大增加阿尔茨海默病、糖尿病和心脏病等疾病的发病率。因此，针对现代人的肥胖问题，专家建议：增加运动，保证睡眠，均衡饮食。

另外，华中科技大学的研究团队曾公开发表过一项研究结果：与体重保持正常的人相比，在 25 岁到中年时期（平均 47 岁）从非肥胖变为肥胖的人群，总死亡风险增加 22%，心脏疾病相关的死亡风险增加 49%。而早年肥胖，中青年时期瘦下来的人群，死亡风险没有明显变化；如果到中老年时期才转为非肥胖，那么总死亡风险仍然增加 30%。所以，研究团队提醒，25 岁后保持正常体重，尤其是防止中年时期的体重增长，对于预防晚年过早死亡非常重要。

选自 *The Lancet* 相关文章，作者：王丽敏等。经翻译，有删改。

理解与练习

一、根据课文，回答问题

1. 2021 年发表的这项研究主要谈到了哪些信息？可参照以下信息和思路，组织、整理内容。

（1）研究的主要论据：____

____

（2）研究的主要论证方法：____

____

（3）研究的主要结论：____

____

2. 归纳课文中的相关信息，分别可以得出怎样的结论？可参照以下信息和思路，组织、整理内容。

（1）比较 2004 年和 2018 年中国 18 ～ 69 岁成人身材数据，可知：________________

____

（2）根据华中科技大学团队的研究，可知：________________________________

____

（3）根据以上信息，可知：____

____

交流与实践

二、小组活动

关于课文中所说的5种肥胖趋势，结合实际，和小组成员一起充分使用举例、分类、比较等方法，做出合理的原因分析。

序号	肥胖趋势	原因分析		
1				
2				
3				
4				
5				

课文四　美食的诱惑

生词表　07-04-01

1. 诱惑	yòuhuò	tempt
2. 迈	mài	take (a step); stride
3. 充斥	chōngchì	be filled with
4. 不知不觉	bùzhī-bùjué	unknowingly; unconsciously
5. 定式	dìngshì	mindset
6. 想当然	xiǎngdāngrán	take sth. for granted
7. 爆米花	bàomǐhuā	popcorn
8. 缘由	yuányóu	reason
9. 生理学	shēnglǐxué	physiology
10. 唾液	tuòyè	saliva
11. 分泌	fēnmì	secrete
12. 无意识	wúyìshi	unconsciously
13. 关联	guānlián	be related
14. 慷慨	kāngkǎi	generous
15. 标配	biāopèi	standard configuration
16. 尽兴	jìnxìng	enjoy oneself to the full
17. 插	chā	stick in
18. 蜡烛	làzhú	candle
19. 仪式感	yíshìgǎn	sense of ceremony
20. 郊外	jiāowài	suburb
21. 心仪	xīnyí	admire in one's heart

专有名词

1. 经典条件反射	Jīngdiǎn Tiáojiàn Fǎnshè	classical conditioning
2. 巴甫洛夫	Bāfǔluòfū	Ivan Petrovich Pavlov (1849–1936), a Russian physiologist and psychologist

词语练习：选择合适的词语完成句子

充斥　诱惑　定式　想当然　缘由　分泌　慷慨　尽兴　心仪

1. 人的一生，可能会面临权势、地位、名利、金钱等对自己的强烈吸引，能够抵挡住这些________，才能保持自我，走向正确的方向。

2. 当我的公司遇到资金困难的时候，是他对我施以援手，________相助。

3. 在批评孩子之前，必须弄清事情的________。

4. 为了得到这份________的工作，我要尽自己最大的努力来准备这场面试。

5. 我们决不允许低劣的产品和低俗的思想________我们的生活。

6. 孩子们正沉迷于新开发的游戏，而仅仅半个小时的活动时间让他们不能________。

7. 思维________是一种习惯性思维，既可以帮助人们运用已有的经验和方法尽快解决新问题，也可能阻碍人们的创造性。

8. 大胆假设和小心求证，缺一不可。否则，没有了客观的求证，就只剩下________的“我以为”。

9. 有的蜘蛛和蛇在受到攻击或者攻击猎物时，会________出毒液，这是它们的一种生存手段。

学习提示：

07-04-02

你有没有遇到过“减肥”的烦恼？你认为在减肥中最难或者最重要的事是什么？

都说减肥需要“管住嘴，迈开腿”，可是我们生活在一个对减肥很不友好的时代。我们的身边充斥着美食的诱惑，随处可见的大大小小的餐饮店，随时可以点餐的外卖，还有电视上、杂志上、商场里、地铁站里的各类美食广告……

而且不知从什么时候开始，不同的食品都有了各自相配的特定情境，我们在不知不觉中形成了一种思维定式：在某种情况下就想当然地要吃或者认为应该吃某种东西，进而成为一种饮食习惯。

打开电视准备看一场球赛，要先摆好零食；走进电影院看一场电影，手里要拿着爆米花和可乐。下周要给朋友过生日，你是不是首先想到精美的蛋糕和一顿大餐？

这种现象，可以用心理学的“经典条件反射”理论做出解释。而理解了其中的缘由，你也可以运用这个理论来改变这种不良饮食习惯。“经典条件反射”理论最著名的实验之一，就是巴甫洛夫的狗的唾液反射条件实验。

著名的生理学家和心理学家巴甫洛夫在研究消化现象的过程中，用狗做了这样一个实验：每次给狗喂食的时候都摇铃，这样的操作被重复多次以后，只要响起铃声，虽然并没有食物，狗也会分泌出唾液。它的这种无意识的反应，就是因为一次次的重复操作，强化了铃声和食物之间的关联性，使它“学会”了把铃声和食物自动联系起来，而实际上这两者之间并没有什么必然的联系。

狗的唾液反射条件实验

这就很像我们某些饮食习惯的养成。走进电影院的时候，常常不自觉地就想去买爆米花和可乐，有的影院还会免费提供，这样的“慷慨”更会帮助你把爆米花、可乐和看电影时的愉悦感受建立起稳定的联系。于是看电影的时候，爆米花和可乐成了标配，不然就好像少了点儿什么，电影都似乎看得不够尽兴。生日歌响起的时候，就会有人送上插着蜡烛的蛋糕，不然就觉得这个生日缺少了仪式感。

明白了其中的道理，当我们想要管住自己的嘴，决心改变这种思维定式和不良的饮食习惯时，就不妨试着用新的条件反射来代替、消除原有的条件反射，主动将特定情境和别的，尤其是跟食物无关的事物关联起来。例如，过生日和朋友聚会，可以安排一次郊外骑行或者观看一场心仪已久的演出，重复几次后，你和朋友们大概都不会在第一时间就想到蛋糕和大餐了。

选自《想瘦》，作者：许梦然。有删改。

理解与练习

一、模仿下列语句中的表达形式，说一个完整的句子，不限话题

1. 我们的身边充斥着美食的诱惑，随处可见的大大小小的餐饮店，随时可以点餐的外卖。

……充斥着……，随处可见……，随时可以……

2. 它的这种无意识的反应，就是因为一次次的重复操作，强化了铃声和食物之间的关联性。

……，就是因为……，强化了……

3. 这样的“慷慨”更会帮助你把爆米花、可乐和看电影时的愉悦感受建立起稳定的联系。

……把……和……建立起稳定的联系

二、根据课文，回答问题

关于“经典条件反射”理论，你还知道哪些信息？结合其他实例，对这一理论做出合理、清晰的解释。可参照以下信息和思路，组织、整理内容。

1. 巴甫洛夫的狗的实验说明了：________________

2. 生活中与此相似的其他例子：________________

3. “经典条件反射”理论的基本结论：________________

交流与实践

三、拓展实践

仔细观察，列出自己或身边的人在某种情境下就要吃某种东西的习惯，并提出替代方案。

序号	特定情境	食物	替代方案
1			
2			
3			
…			

四、小组讨论

对以下现象或观点，小组成员分别持怎样的看法？小组成员在充分讨论后，进行归纳总结：对这一观点，分别可以从哪几个方面做出评价？

1. 观点一：日常生活中需要用美食打造仪式感。

2. 观点二：BMI 保持在正常范围内的人，不需要改变饮食结构和饮食习惯。

本单元学习评估：复习所学，及时总结

使用康奈尔笔记法有效地记笔记，并定期复习，提高学习效率。

（记下关键词、重点句和问题）	（记录授课内容）

（写下对本单元所学的反思以及对重要问题的回答）

附录一　录音文本

第一单元　左手咖啡，右手茶　课文一

俗话说："开门七件事，柴米油盐酱醋茶。"这说明，醋在中国人的日常生活中占有重要的位置。醋文化是中华民族饮食文化的重要组成部分。

中国是世界上最早用谷物酿造醋的国家。据说3000多年前的周朝就设有专门人员——"醋人"，管理和醋有关的事务。春秋末年，山西太原已经有了一定规模的醋工厂。南北朝时期，用醋调味，被视为高档宴请的一个标准。到唐宋时期，制醋业有了较大发展，醋进入普通百姓家。

醋的用途很多。醋很早就用作消毒的材料，在室内蒸发醋气防止流感的做法，流传至今。人们也常用醋给一些生活用品进行清洗、消毒处理。明代的药学、植物学百科全书《本草纲目》中用到醋的药方有30多种。醋还可以帮助消化、促进吸收，被认为有保健、美容等作用。

醋，深深地融入中国人的生活，成为不可或缺的事物，而且已经超出了调味品的范畴。最为典型的是，人们用"吃醋""醋意"等形容男女感情之间的嫉妒心理，用"半瓶醋"讽刺那些对某种知识或技能一知半解却喜欢卖弄的人。

醋，成为一种文化现象，植根于中华民族传统文化，形成独特的醋文化。

选自《饮食文化十三讲》，作者：李世化。有删改。

第二单元　沉没的古船　课文一

狭义的"丝绸之路"是指起始于古代中国长安，通过甘肃河西走廊和今天的新疆地区，连接亚洲、欧洲和非洲的古代商业贸易路线。我们一般称它为陆上丝绸之路，而广义的"丝绸之路"还包括海上丝绸之路。

宋朝（960—1279）以前，陆上丝绸之路是中国对外交往的主要通道，其交通工具主要是骆驼和马匹。但牲畜的负载量有限，运输成本高，尤其是沿途自然条件艰险，安全没有保障。唐朝中叶以后，随着中国政治和经济重心的逐渐南移、航海和造船技术的进步、指南针在航海中的应用，以及对外输出和进口的主要物品的变化，海路在中西交通中的作用日益突显，并逐渐取代陆路成为中西方之间交往的主要通道。因此，从宋代开始，中国对外交往的通道也就以海上丝绸之路为主了。海上丝绸之路主要以中国南海为中心，北宋时期，广州、泉州、明州（宁波）、杭州、扬州都是对外贸易的重要口岸。为了加强对海外贸

易的管理和征税，政府还在这些城市设置了市舶司。尤其是广州，作为宋元时期世界性的大港，也是最早设置市舶司的港口城市。

无论是陆上丝绸之路，还是海上丝绸之路，都是以丝绸贸易为主要媒介的，成为沟通欧、亚、非、美诸大陆的商业、文化交流之路。

选自《“一带一路”一百问》，作者：秦玉才、周谷平、罗卫东。有删改。

第三单元 丰富多样的皮影戏 课文一

《保护非物质文化遗产公约》于2003年10月在联合国教科文组织第32届大会上通过，旨在保护以传统、口头表述、节庆礼仪、手工技能、音乐、舞蹈等为代表的非物质文化遗产。《保护非物质文化遗产公约》的标识由一位克罗地亚设计师设计，该标识以三角形、正方形和圆形为基本构图，线条图以手的一次性运动完成，中间没有任何的停顿，三角形变成一个正方形，正方形变成一个圆形，而圆形则采取了泡状保护罩的形式，以突出该公约的宗旨和精神，强调的是传统与现代之间的联结——以手的运动表示传统，以类似于英文at的符号“@”象征现代，紧扣“一个现代性时代的遗产”的主题。该标识与联合国教科文组织徽标联合使用。

“中国非物质文化遗产”标识在2006年6月8日——中国第一个“文化遗产日”前夕揭晓。标识的外部为圆形，象征着循环往复，永不消失；内部为方形，与外部圆形对应，象征天圆地方，表达了非物质文化遗产存在空间的广阔性；图形中心的造型是古陶器上最早出现的纹样之一的鱼纹，“纹”与“文”相通，“文”比喻非物质文化遗产，而鱼生活在水中暗示着中国非物质文化遗产的悠久历史和世代传承；鱼纹外是一双上下围在一起的抽象的手，寓意着同心协力，共同继承和保护非物质文化遗产，守护大家的精神家园。

选自《世界遗产与中国国家遗产》，作者：周耀林、王三山、倪婉。有删改。
选自《世界文化与自然遗产》，作者：徐树建。有删改。

第四单元 人见人爱的年画 课文一

在中国，过年有张贴年画的习俗。老百姓常说：“有鱼有肉不是年，贴上年画才像年。”年画作为点缀春节的图像，成为百姓家中的必备之物。像“招财进宝”“吉祥喜庆”等春节主题年画更是人见人爱，家家户户都会买来张贴。不管是北方还是南方，过年时年画随处可见，随处可买，而且价格便宜，因此也有人认为便宜又随处可得的年画并不是艺术品。其实这个观点并不正确，年画是中国所特有的一种艺术形式，历史悠久。根据记载，年画起源于汉代，发展于

唐宋，盛行于明清。作为中国特有的民间美术形式，其名称也有一个不断演变的过程，在宋代曾被称为“纸画”，明代则称为“画贴”，清代称作“画片”“画张”“卫画”等，直到清道光二十九年（1849），在李光庭所著《乡言解颐》一书中始见“年画”一词。生产年画的作坊在清代不断发展，地域也不断扩大，形成很多个制作年画的产地。其中，最著名的年画产地有天津杨柳青、苏州桃花坞和山东潍坊杨家埠等地。年画传达了广大民众的生活理想，反映出社会生活和民间文化的诸多特性。如今，木版年画作为非遗传承，不少人会在春节期间选购一些木版年画作为特别的新春礼物，馈赠亲友。

选自《杨柳青戴廉增年画的前世今生》，作者：收藏快报。有删改。

第五单元　跨越“数字鸿沟”　课文一

说起科学，人们很容易将其理解为科学知识。事实上，科学还包括科学态度、科学方法、科学思想和科学精神。其中，科学精神是统领。科学精神的内涵十分丰富，但核心是批判质疑。

人类渴望了解这个世界，迫切地想要知道：我是谁？我从哪里来？我到哪里去？科学的使命就是要不断地揭示宇宙的规律。一旦人们掌握了这些规律，就能在实践中运用，从而在更高的精神境界和更好的物质环境中生产和生活，甚至创造出新文明。

但另一方面，我们崇尚科学，却不应迷信科学。

首先，科学不是万能的。面对无穷的自然奥秘，科学的表现常常像个一脸茫然的学童。比如，现代宇宙学中最有影响的“大爆炸理论”认为：宇宙是由一个奇点于137亿年前一次大爆炸后膨胀形成的。那么，大爆炸之前的情形是什么？再比如，数学里无穷大和无穷小所对应的自然表象如何展现？对于这些问题，目前的科学都回答不了。

其次，科学不代表一贯正确。科学发展的一个最大特点，就是在不断的自我否定中前行。从地心说到日心说，从牛顿经典力学到爱因斯坦相对论，再到量子力学，每一种重大科学理论的诞生都是新理论对旧理论的颠覆和革命，常常伴随着激烈的对抗和冲突，一些科学家甚至为此付出了生命的代价。

选自《这次，央视说对了！》，作者：刘亚东。有删改。

第六单元　中国动漫的希望　课文一

《英雄》是一部著名的中国武侠电影，由张艺谋执导，李连杰、甄子丹、张曼玉等明星主演。这部电影于2002年10月24号上映，多年来获得了无数荣誉，如第75届奥斯卡金像奖最佳外语片提名、第53届柏林国际电影节金熊奖最佳影片提名等。

张艺谋导演是学摄影出身的，因此他对电影画面有一些独特的要求。《英雄》这部电影，无论是在镜头语言，还是在视听效果方面都下足了功夫，尤其是在色彩方面。评价起《英雄》这部作品，他曾经这样说："三个故事，三种色彩……三个故事交错出现的时候，因为其色彩的不同，观众一眼就能看出来。"

然而，《英雄》上映后影迷们对它的评价却是褒贬不一的。有人说电影剧情过于单薄，情节不贴近真实生活；有人说电影中的人物性格刻画得比较生硬，没有代表性；还有人说场景虽然很华丽，但是内容让人感觉很空洞。

持支持态度的也大有人在，有人说张艺谋导演第一次让武侠电影具有了诗意，在动作设计和摄影画面方面都有很深的造诣，是新式中国电影的代表。

无论如何，20年后再来看《英雄》，不可否认它是中国电影史上的一部经典之作。

选自《以〈英雄〉为例论电影美术的色彩设计》，作者：高海霞、李人杰。有删改。

附录二　生词表

词语	拼音	英译
A		
阿尔茨海默病	ā'ěrcíhǎimòbìng	Alzheimer's disease
癌症	áizhèng	cancer
艾蒿	àihāo	*Chinese mugwort*
昂贵	ánggui	expensive
奥秘	àomì	mystery
B		
巴洛克风格	bāluòkè fēnggé	Baroque style
百花齐放	bǎihuā-qífàng	a hundred flowers bloom simultaneously; flourish
百科全书	bǎikē quánshū	encyclopedia
班列	bānliè	railway express
扮演	bànyǎn	play the part of; act
伴随	bànsuí	accompany
伴奏	bànzòu	accompany (with musical instruments)
包容	bāoróng	inclusive
包装	bāozhuāng	package
褒贬不一	bāobiǎn bùyī	both praise and criticism; mixed reviews
饱满	bǎomǎn	full
保障	bǎozhàng	assure; safeguard
保质期	bǎozhìqī	best-before date
爆米花	bàomǐhuā	popcorn
悲凉	bēiliáng	desolate
背诵	bèisòng	recite
本质	běnzhì	essence
比比皆是	bǐbǐ-jiēshì	can be found everywhere

辟邪	bìxié	ward off evil spirits
壁画	bìhuà	mural
编排	biānpái	arrange and rehearse
遍布	biànbù	be found everywhere
标配	biāopèi	standard configuration
病原体	bìngyuántǐ	pathogen
博大精深	bódà-jīngshēn	broad and profound
不可避免	bùkě bìmiǎn	inevitable
不可或缺	bùkě-huòquē	indispensible
不良	bùliáng	bad
不知不觉	bùzhī-bùjué	unknowingly; unconsciously
步骤	bùzhòu	procedure; step

C

材质	cáizhì	texture
菜肴	càiyáo	cooked dish
餐饮	cānyǐn	catering
操控	cāokòng	control
草原	cǎoyuán	grassland
层次	céngcì	level
曾几何时	céngjǐhéshí	only a short while ago
插	chā	stick in
茶道	chádào	Teaism; tea ceremony
菖蒲	chāngpú	*Acorus calamus*
常规	chángguī	conventional; routine
常态	chángtài	normalcy
倡导	chàngdǎo	advocate; propose
倡议	chàngyì	initiative
超越	chāoyuè	surpass
炒	chǎo	fry

成分	chéngfèn	ingredient
成瘾行为	chéngyǐn xíngwéi	addictive behavior
呈现	chéngxiàn	show
承载	chéngzài	bear the weight of; carry
持	chí	hold (a view, an opinion, etc.)
充斥	chōngchì	be filled with
抽象	chōuxiàng	abstract
丑萌	chǒuméng	ugly but cute
出境	chūjìng	leave the country
出水	chūshuǐ	be excavated
触摸	chùmō	touch
传播	chuánbō	disseminate; spread
传入	chuánrù	spread to; be introduced into
传世	chuánshì	hand down for generations
船舶	chuánbó	vessels; ships
瓷器	cíqì	porcelain
丛林	cónglín	jungle; forest
粗糙	cūcāo	rough
醋	cù	vinegar
错失恐惧症	cuòshī kǒngjùzhèng	FOMO (fear of missing out)
	D	
打斗	dǎdòu	fight
打谷场	dǎgǔchǎng	threshing floor/ground
打捞	dǎlāo	get out of water; salvage
大爆炸理论	dàbàozhà lǐlùn	Big Bang Theory
大有人在	dàyǒu-rénzài	there are plenty of such people
大众化	dàzhònghuà	popularize
代际	dàijì	intergenerational
单薄	dānbó	thin; inadequate

单位	dānwèi	unit
单一	dānyī	single; unitary
淡化	dànhuà	attenuate; play down
淡忘	dànwàng	fade from one's memory
蛋白质	dànbáizhì	protein
低俗	dīsú	vulgar
地心说	dìxīnshuō	geocentrism
地域	dìyù	region
缔结	dìjié	forge; establish
颠	diān	flip; toss
颠覆	diānfù	overturn
巅峰	diānfēng	peak
典故	diǎngù	classical allusion
典雅	diǎnyǎ	elegant
点赞	diǎnzàn	give a like; give a thumbs-up
点缀	diǎnzhuì	decorate; adorn
雕刻	diāokè	engrave
雕像	diāoxiàng	statue
顶棚	dǐngpéng	ceiling
定式	dìngshì	mindset
定制	dìngzhì	customize
动态	dòngtài	dynamic state
陡峭	dǒuqiào	steep
独特	dútè	unusual; unique
端	duān	end
短缺	duǎnquē	be short; lack
短暂	duǎnzàn	short; brief
对抗	duìkàng	confront
对应	duìyìng	correspond to

对照	duìzhào	compare
吨	dūn	ton
多重	duōchóng	multiple
多元	duōyuán	diverse
	E	
恶搞	ègǎo	spoof; parody
	F	
发病	fābìng	(of a disease) attack
发掘	fājué	excavate
番茄红素	fānqiéhóngsù	lycopene
烦琐	fánsuǒ	tedious
反差	fǎnchā	contrast
泛娱乐化	fànyúlèhuà	pan-entertainment
范畴	fànchóu	domain; category
防疫	fángyì	prevent epidemics
仿效	fǎngxiào	imitate
放缓	fànghuǎn	slow down
非……莫属	fēi…mò shǔ	none other than
非物质文化遗产	fēiwùzhì wénhuà yíchǎn	intangible cultural heritage
肥胖	féipàng	corpulent; fat
分解	fēnjiě	resolve; decompose
分泌	fēnmì	secrete
分明	fēnmíng	clearly
分心	fēnxīn	distract (sb.'s attention)
风靡	fēngmǐ	be fashionable
风情	fēngqíng	local conditions and customs
风尚	fēngshàng	fashion; prevailing custom
风味	fēngwèi	special flavor

讽刺	fěngcì	satirize
否认	fǒurèn	deny
府邸	fǔdǐ	mansion
负载	fùzài	load
复制	fùzhì	copy; duplicate
富含	fùhán	be rich in
富丽堂皇	fùlì tánghuáng	gorgeous; sumptuous
富足	fùzú	rich

G

该	gāi	this
改编	gǎibiān	adapt
干燥	gānzào	dry
感官	gǎnguān	sense organ
戈壁	gēbì	Gobi
格局	géjú	scope; landscape
工匠	gōngjiàng	craftsman; artisan
公约	gōngyuē	convention
供不应求	gōngbùyìngqiú	demand exceeds supply
宫廷	gōngtíng	palace
共鸣	gòngmíng	resonate; form emotional resonance
贡献	gòngxiàn	contribution
勾勒	gōulè	sketch; outline
构思	gòusī	conceive; construct
构图	gòutú	composition
孤立	gūlì	isolated
古琴	gǔqín	*guqin*, a seven-string plucked instrument in some ways similar to the zither
骨骸	gǔhái	skeleton; bones
雇用	gùyòng	employ; hire

关联	guānlián	be related
贯穿	guànchuān	run through
惯例	guànlì	convention
罐	guàn	tin; can
光辉灿烂	guānghuī cànlàn	brilliant and splendid
光芒	guāngmáng	rays of light
归属	guīshǔ	belong to
诡异	guǐyì	strange; quirky
锅	guō	pot; pan
国粹	guócuì	quintessence of a country
过滤	guòlǜ	filter
过早	guò zǎo	premature
	H	
涵盖	hángài	contain; cover
捍卫	hànwèi	defend
好坏参半	hǎo huài cānbàn	mixed blessing; ambivalent
耗费	hàofèi	expend; spend
合而为一	hé'érwéiyī	combine into one
横空出世	héng kōng chūshì	emerge suddenly
轰动	hōngdòng	cause a sensation; make a stir
胡萝卜素	húluóbosù	carotene
互补	hùbǔ	complement
划时代	huàshídài	be epoch-making
幻象	huànxiàng	phantom; illusion
患	huàn	contract (an illness); suffer from
患者	huànzhě	patient
辉煌	huīhuáng	brilliant; splendid; glorious; magnificent
徽标	huībiāo	logo
混合	hùnhé	mix

货郎	huòláng	itinerant pedlar; street vendor
获准	huòzhǔn	obtain permission
	J	
基础设施	jīchǔ shèshī	infrastructure
跻身	jīshēn	ascend; join the ranks of
即时	jíshí	immediate
即兴	jíxìng	extemporise; improvise
嫉妒	jídù	be jealous of
祭祀	jìsì	offer sacrifices
加热	jiārè	heat
夹	jiā	press from both sides
佳美兰	jiāměilán	Gamelan, a traditional Indonesian band with xylophones and gongs as its main instruments
价值不菲	jiàzhí bùfěi	priceless
艰险	jiānxiǎn	difficult and dangerous
艰辛	jiānxīn	tough
监控	jiānkòng	monitor
煎	jiān	fry in shallow oil
简称	jiǎnchēng	be abbreviated to
见证	jiànzhèng	witness
间隔	jiàngé	separate
降临	jiànglín	fall; come; arrive
郊外	jiāowài	suburb
焦虑	jiāolǜ	anxious
接触	jiēchù	touch; contact
揭示	jiēshì	reveal
揭晓	jiēxiǎo	announce
节令	jiélìng	solar term; climate and other natural phenomena of a season
桀骜不驯	jié'ào-bùxùn	wild and intractable

解	jiě	quench
解构主义	jiěgòu zhǔyì	deconstruction
借代	jièdài	rhetorical devices such as metonymy
尽	jǐn	to the greatest extent
紧扣	jǐn kòu	stick to
锦上添花	jǐnshàng-tiānhuā	put the icing on the cake
谨	jǐn	sincerely
尽兴	jìnxìng	enjoy oneself to the full
进而	jìn'ér	and then
浸泡	jìnpào	soak; immerse
禁忌	jìnjì	taboo
经验主义	jīngyàn zhǔyì	empiricism
精加工	jīng jiāgōng	ultra-processed
精练	jīngliàn	concise; succinct
精美	jīngměi	exquisite
精神分裂症	jīngshén fēnlièzhèng	schizophrenia
精神文化	jīngshén wénhuà	spiritual culture
精湛	jīngzhàn	exquisite; superb
警告	jǐnggào	warn
竞渡	jìngdù	have a boat race
竞争力	jìngzhēnglì	competitive power
敬奉	jìngfèng	worship piously
敬酒	jìngjiǔ	toast; propose a toast
境界	jìngjiè	state
镜头	jìngtóu	lens
纠结	jiūjié	be in a dilemma
就座	jiùzuò	take one's seat
具象	jùxiàng	concrete

俱	jù	all; both
剧目	jùmù	a list of plays or operas
均衡	jūnhéng	balanced
	K	
开通	kāitōng	open up
坎坷	kǎnkě	full of frustrations
慷慨	kāngkǎi	generous
考量	kǎoliáng	consider
苛责	kēzé	criticize severely
刻画	kèhuà	depict
课题	kètí	problem; task
空洞	kōngdòng	vacuous; hollow
空旷	kōngkuàng	open; spacious
恐惧	kǒngjù	frightened
口岸	kǒu'àn	port
口传心授	kǒuchuán-xīnshòu	oral teaching that inspires true understanding
口感	kǒugǎn	texture; taste
酷暑	kùshǔ	intense heat of summer
快捷	kuàijié	quick; fast and nimble
匮乏	kuìfá	short (of); deficient
馈赠	kuìzèng	give sb. sth. as a gift
昆曲	kūnqǔ	*kunqu*, an opera based on *kunqiang* melodies
阔	kuò	wide
	L	
蜡烛	làzhú	candle
蓝牙	lányá	bluetooth
老龄化	lǎolínghuà	(of a society, population, etc.) age
冷冻	lěngdòng	freeze
离愁	líchóu	sorrow of parting

礼俗	lǐsú	etiquette and custom
礼仪	lǐyí	etiquette
历时	lìshí	last; take
量子力学	liàngzǐ lìxué	quantum mechanics
料理包	liàolǐbāo	cooking kit
灵感	línggǎn	inspiration
灵魂	línghún	soul
领略	lǐnglüè	have a taste of; appreciate
领衔	lǐngxián	lead a cast
令人心动	lìng rén xīndòng	impressive; amazing
流感	liúgǎn	flu
流转	liúzhuǎn	change
陆上	lù shàng	land
率	lǜ	rate
伦理	lúnlǐ	moral principles
锣	luó	gong
落差	luòchā	gap; discrepancy
	M	
马匹	mǎpǐ	horse
迈	mài	take (a step); stride
卖弄	màinong	show off
满怀	mǎnhuái	be full of
美轮美奂	měilún-měihuàn	magnificent; spectacular
魅力	mèilì	charm
迷失	míshī	lose (one's way, etc.)
明快	míngkuài	lucid and lively
磨制	mózhì	grind
末座	mòzuò	the least prominent seat
木雕	mùdiāo	wood carving

幕布	mùbù	curtain; screen
N		
能动性	néngdòngxìng	agency; activeness
年画	niánhuà	New Year picture
酿造	niàngzào	brew
纽带	niǔdài	link; tie; bond
农闲	nóngxián	slack season
浓厚	nónghòu	strong
浓郁	nóngyù	strong
P		
拍摄	pāishè	film; take a picture or a video
攀比	pānbǐ	compete with
盘旋	pánxuán	circle; spiral
判定	pàndìng	determine
庞大	pángdà	huge; enormous
泡状	pàozhuàng	bubble-like
佩	pèi	wear (at the waist, etc.)
烹饪	pēngrèn	cook
烹调	pēngtiáo	cook
批判	pīpàn	criticize
批准	pīzhǔn	approve
皮影戏	píyǐngxì	shadow puppetry
偏爱	piān'ài	prefer
偏向	piānxiàng	tend to; lean towards
翩若惊鸿	piānruòjīnghóng	(of a woman, a dancer) move briskly and gracefully
品尝	pǐncháng	taste
平衡	pínghéng	balance
屏蔽	píngbì	block out

扑朔迷离	pūshuò-mílí	complicated and confusing
Q		
奇点	qídiǎn	singularity
奇幻	qíhuàn	fantastic
起始	qǐshǐ	begin
迄今	qìjīn	to date; so far
器具性	qìjùxìng	instrumental
憩	qì	have a rest
恰恰	qiàqià	exactly
千差万别	qiānchā-wànbié	differ in thousands of ways
迁徙	qiānxǐ	move; migrate
前所未有	qiánsuǒwèiyǒu	unprecedented
前卫	qiánwèi	avant-garde
前夕	qiánxī	eve
前者	qiánzhě	the former
潜移默化	qiányí-mòhuà	influence imperceptibly
浅显	qiǎnxiǎn	plain; simple
强化	qiánghuà	intensify; enhance
巧妙	qiǎomiào	ingenious
切身	qièshēn	personal
轻而易举	qīng’éryìjǔ	with no difficulty
倾慕	qīngmù	adore; admire
曲解	qūjiě	misinterpret
驱毒	qū dú	ward off poison
屈指可数	qūzhǐ-kěshǔ	can be counted with one’s fingers
祛病	qū bìng	ward off disease
去	qù	eliminate
全盘	quánpán	overall
诠释	quánshì	interpret

缺口	quēkǒu	gap; shortfall
缺席	quēxí	be absent
R		
人士	rénshì	personage
日心说	rìxīnshuō	heliocentrism
荣誉	róngyù	honor
容纳	róngnà	accommodate; hold
溶液	róngyè	solution
融合	rónghé	mix together
入选	rùxuǎn	be selected; be chosen
若有若无	ruò yǒu ruò wú	not much; if any
S		
色调	sèdiào	tone; hue
僧侣	sēnglǚ	Buddhist monk
沙漠	shāmò	desert
晒制	shàizhì	dry in the sun
赏心悦目	shǎngxīn-yuèmù	appealling
上色	shàngshǎi	color (a picture, map, etc.)
上座	shàngzuò	seat of honor
奢华	shēhuá	luxury; luxurious
设置	shèzhì	set; establish
社交媒体	shèjiāo méitǐ	social media
摄入	shèrù	intake
身怀绝技	shēn huái juéjì	with unique skills
神圣	shénshèng	sacred; holy
生理学	shēnglǐxué	physiology
生涯	shēngyá	career
生硬	shēngyìng	awkward
牲畜	shēngchù	livestock; domestic animals

盛名	shèngmíng	great reputation
盛行	shèngxíng	prevail
师徒	shītú	master and apprentice
石棉	shímián	asbestos
时节	shíjié	season; time
驶	shǐ	sail; drive
市舶司	shìbósī	Office of Overseas Trade
事务	shìwù	affairs; work
视角	shìjiǎo	perspective
视野	shìyě	view
收藏界	shōucángjiè	collection world
手法	shǒufǎ	technique
手艺	shǒuyì	skill; workmanship
瘦	shòu	thin
书写	shūxiě	write
术语	shùyǔ	term
数字鸿沟	shùzì hónggōu	digital divide
数字文明	shùzì wénmíng	digital civilization
数字移民	shùzì yímín	digital immigrant
数字原住民	shùzì yuánzhùmín	digital native
衰败	shuāibài	decline
衰减	shuāijiǎn	decay; attenuate
衰落	shuāiluò	fading; wane
双重	shuāngchóng	dual
水墨画	shuǐmòhuà	Chinese ink wash painting
睡眠	shuìmián	sleep
说唱	shuōchàng	narrative and singing
丝	sī	threadlike thing
酥油	sūyóu	yak butter

俗套	sútào	stereotypical
俗语	súyǔ	common saying
算法	suànfǎ	algorithm
随处	suíchù	everywhere
随机	suíjī	random
缩影	suōyǐng	epitome
	T	
糖尿病	tángniàobìng	diabetes
特定	tèdìng	specific
特效	tèxiào	special effect
特质	tèzhì	distinguishing characteristic
提倡	tíchàng	advocate
提神	tíshén	refresh; invigorate
提升	tíshēng	promote
题跋	tíbá	preface and postscript
天伦之乐	tiānlúnzhīlè	happiness of family reunion
天壤之别	tiānrǎngzhībié	immeasurably vast difference
天人合一	tiānrén-héyī	harmony between man and nature
添加	tiānjiā	add
跳转	tiàozhuǎn	jump; switch
贴合	tiēhé	fit; suit
贴近	tiējìn	be close to
帖子	tiězi	post
停滞	tíngzhì	stagnate; be at a standstill
通道	tōngdào	passage
图式	túshì	schema; pattern
推测	tuīcè	speculate
推断	tuīduàn	infer; deduce
推敲	tuīqiāo	deliberate

推延	tuīyán	put off; postpone
唾液	tuòyè	saliva
	W	
外观	wàiguān	exterior; outward appearance
外销	wàixiāo	export; sell abroad or in another part of the country
婉转	wǎnzhuǎn	melodious
网约车	wǎngyuēchē	online car-hailing
桅杆	wéigān	mast
帷幕	wéimù	heavy curtain
维生素	wéishēngsù	vitamin
未解之谜	wèi jiě zhī mí	unsolved mystery
胃酸	wèisuān	gastric acid
文化认同	wénhuà rèntóng	cultural identity
文人	wénrén	person of letters; literati
文物	wénwù	cultural relic
闻名	wénmíng	famous
闻名于世	wénmíng yú shì	be world-famous
无穷	wúqióng	infinite
无形	wúxíng	intangible
无疑	wúyí	not be doubted
无意识	wúyìshi	unconsciously
物流	wùliú	logistics
误解	wùjiě	misunderstand
	X	
希冀	xījì	hope
习俗	xísú	custom
戏班	xìbān	theatrical troupe
戏剧	xìjù	drama

细腻	xìnì	fine and smooth
狭窄	xiázhǎi	narrow
遐想	xiáxiǎng	indulge in reverie
先入为主	xiānrù-wéizhǔ	be prejudiced by a first impression
先声	xiānshēng	forerunner; herald
掀	xiān	lift; raise
娴熟	xiánshú	skilled; skillful
显而易见	xiǎn'éryìjiàn	obvious
陷阱	xiànjǐng	pitfall; trap
相通	xiāngtōng	be interlinked
香囊	xiāngnáng	sachet; perfume pouch
镶嵌画	xiāngqiànhuà	mosaic
享	xiǎng	enjoy
想当然	xiǎngdāngrán	take sth. for granted
象征	xiàngzhēng	symbolize
消除	xiāochú	eliminate
消毒	xiāodú	disinfect
消灾	xiāozāi	ward off disaster
协议	xiéyì	agreement
写照	xiězhào	portrayal
心仪	xīnyí	admire in one's heart
心脏	xīnzàng	heart
芯片	xīnpiàn	chip
信念	xìnniàn	belief
信仰	xìnyǎng	belief
行之有效	xíngzhīyǒuxiào	effective
凶险	xiōngxiǎn	very dangerous; critical
雄黄	xiónghuáng	realgar
雄伟	xióngwěi	magnificent

休闲	xiūxián	be at leisure
修辞	xiūcí	rhetoric
修养	xiūyǎng	self-cultivation; culture
栩栩如生	xǔxǔ-rúshēng	vivid; lively
叙述	xùshù	narrate
绚丽	xuànlì	gorgeous; splendid
血糖	xuètáng	blood sugar
Y		
压制	yāzhì	make by pressing
亚热带	yàrèdài	subtropical zone
烟火气	yānhuǒqì	hustle and bustle
淹没	yānmò	inundate
延续	yánxù	carry on; continue
沿途	yántú	the area along a road
眼动仪	yǎndòngyí	eye tracker
眼镜蛇	yǎnjìngshé	cobra
演进	yǎnjìn	evolve
演绎	yǎnyì	interpret; perform
宴请	yànqǐng	entertain; fete
仰慕	yǎngmù	admire
药材	yàocái	medicinal material
业界	yèjiè	business circles
夜幕	yèmù	night; gathering darkness
一路	yīlù	all the way
一模一样	yīmú-yīyàng	exactly alike
一心一意	yīxīn-yīyì	wholeheartedly
一知半解	yīzhī-bànjiě	have a smattering of knowledge
医嘱	yīzhǔ	doctor's advice
依从性	yīcóngxìng	compliance

依照	yīzhào	according to
仪式感	yíshìgǎn	sense of ceremony
遗弃	yíqì	abandon
以偏概全	yǐpiān-gàiquán	be lopsided; generalise
役使	yìshǐ	work (an animal); use; enslave
益	yì	benefit
意境	yìjìng	artistic conception
意识	yìshi	consciousness
引入	yǐnrù	introduce
隐私	yǐnsī	privacy
印刷文明	yìnshuā wénmíng	printing civilization
影偶	yǐng'ǒu	shadow puppet
应有之义	yīngyǒuzhīyì	the meaning that it should have
应运而生	yìngyùn'érshēng	emerge as the times require
涌现	yǒngxiàn	emerge in large numbers
优先	yōuxiān	have priority
幼稚	yòuzhì	immature
诱惑	yòuhuò	tempt
诱因	yòuyīn	inducement
愉悦	yúyuè	cheerful; pleasant
语义	yǔyì	semantic
欲罢不能	yùbà-bùnéng	be unable to stop even though one wants to
寓意	yùyì	implied meaning
缘由	yuányóu	reason
约定俗成	yuēdìng-súchéng	established by popular usage
约束	yuēshù	restrict; restrain
晕涂法	yùntúfǎ	sfumato, a drawing method of making the painting blurry or shadowy
蕴藏	yùncáng	contain

蕴含	yùnhán	contain
Z		
糌粑	zānba	roasted *qingke* barley flour
赞叹	zàntàn	highly praise
造诣	zàoyì	attainments
燥热	zàorè	hot and dry
张贴	zhāngtiē	put up
帐篷	zhàngpeng	tent
照射	zhàoshè	shine; illuminate
哲学	zhéxué	philosophy
针对	zhēnduì	aim at
珍贵	zhēnguì	precious
真容	zhēnróng	true features
争议	zhēngyì	dispute
正能量	zhèngnéngliàng	positive energy
知晓	zhīxiǎo	know
直译	zhíyì	literal translation
植根（于）	zhígēn (yú)	take root in
植入	zhírù	implant
指数	zhǐshù	index
智慧	zhìhuì	wisdom
置于	zhì yú	place sb./sth. in
中世纪	zhōngshìjì	Middle Ages
中叶	zhōngyè	middle period
终极	zhōngjí	ultimate
诸多	zhūduō	many; a lot of
主角	zhǔjué	leading role
主体	zhǔtǐ	main body; principal part
伫立	zhùlì	stand still for a long time

著称	zhùchēng	be celebrated; be famous
专注力	zhuānzhùlì	concentration
转而	zhuǎn’ér	instead; in turn
转换	zhuǎnhuàn	change; transform
装饰	zhuāngshì	ornament; decoration
装载	zhuāngzài	load
琢磨	zuómo	consider; mull over
姿态	zītài	posture
自给自足	zìjǐ-zìzú	self-sufficient
自然而然	zìrán’érrán	naturally; automatically
自助结账	zìzhù jiézhàng	self-checkout
宗旨	zōngzhǐ	aim; purpose
尊严	zūnyán	dignity
尊重	zūnzhòng	respect
作坊	zuōfang	workshop
作秀	zuòxiù	grandstand

专有名词

词语	拼音	英译
	A	
《阿甘正传》	《Ā Gān Zhèngzhuàn》	*Forrest Gump*
阿米特 · 萨帕特瓦里	Āmǐtè Sàpàtèwǎlǐ	Ameet Sarpatwari
埃塞俄比亚	Āisài’ébǐyà	Ethiopia
爱因斯坦	Àiyīnsītǎn	Albert Einstein (1879–1955), one of the greatest scientists of the 20th century
奥斯卡金像奖	Àosīkǎ Jīnxiàngjiǎng	Academy Awards (Oscar)

	B	
巴尔扎克	Bā'ěrzhākè	Honoré de Balzac (1799–1850), a famous French writer
巴甫洛夫	Bāfǔluòfū	Ivan Petrovich Pavlov (1849–1936), a Russian physiologist and psychologist
巴赫	Bāhè	Johann Sebastian Bach (1685–1750), a famous German classical composer
巴黎	Bālí	Paris
巴氏杀菌法	Bāshì Shājūnfǎ	pasteurization
柏林国际电影节	Bólín Guójì Diànyǐngjié	Berlin International Film Festival
贝多芬	Bèiduōfēn	Ludwig van Beethoven (1770–1827), a famous German classical composer
《本草纲目》	《Běncǎo Gāngmù》	*Compendium of Materia Medica*
彼得·韦伯	Bǐdé Wéibó	Peter Webber, a British film director
伯恩茅斯大学	Bó'ēnmáosī Dàxué	Bournemouth University
BMI		Body Mass Index
	C	
蔡京	Cài Jīng	Cai Jing, a prime minister in the Song Dynasty
春秋	Chūnqiū	Spring and Autumn Period
	D	
德里达	Délǐdá	Jacques Derrida
法国大革命	Fǎguó Dà Gémìng	French Revolution (1789–1799)
梵高	Fàngāo	Vincent van Gogh
伏尔泰	Fú'ěrtài	Voltaire (1694–1778), a famous French writer
《复仇者联盟 4》	《Fùchóuzhě Liánméng 4》	*Avengers 4*
戈施耶德	Gēshīyēdé	a Netherlandish artist
哈马德·本·哈利法大学	Hāmǎdé Běn Hālìfǎ Dàxué	Hamad Bin Khalifa University
海德格尔	Hǎidégé'ěr	Martin Heidegger

好莱坞	Hǎoláiwù	Hollywood
河西走廊	Héxī Zǒuláng	Hexi Corridor
赫伯特·西蒙	Hèbótè Xīméng	Herbert Alexander Simon
华中科技大学	Huázhōng Kējì Dàxué	Huazhong University of Science and Technology
J		
疾控中心	Jíkòng Zhōngxīn	Center for Disease Control and Prevention
经典条件反射	Jīngdiǎn Tiáojiàn Fǎnshè	classical conditioning
君士坦丁堡	Jūnshìtǎndīngbǎo	Constantinople
K		
凯瑟琳·海尔斯	Kǎisèlín Hǎi'ěrsī	N. Katherine Hayles
L		
莱克维茨	Láikèwéicí	Andreas Reckwitz
老舍	Lǎo Shě	Lao She (1899–1966), a famous Chinese writer
李光庭	Lǐ Guāngtíng	Li Guangting, a writer in Qing Dynasty
联合国教科文组织	Liánhéguó Jiào-Kē-Wén Zǔzhī	United Nations Educational, Scientific, and Cultural Organization
《柳叶刀》	《Liǔyèdāo》	*The Lancet*
《罗摩衍那》	《Luómóyǎnnà》	*Ramayana*
罗马	Luómǎ	Rome
M		
明代	Míng Dài	Ming Dynasty
明清	Míng Qīng	Ming and Qing Dynasties
《摩登时代》	《Módēng Shídài》	*Modern Times*
《摩诃婆罗多》	《Móhēpóluóduō》	*Mahabharata*
N		
哪吒	Nézhā	Nezha, a figure in Chinese mythology

南北朝	Nán-Běi Cháo	Northern and Southern Dynasties
鸟巢	Niǎocháo	Bird's Nest
牛顿	Niúdùn	Isaac Newton
NOVA		a food classification framework that categorizes food according to the extent and purpose of food processing
	P	
庞贝	Pángbèi	Pompeii
	Q	
《千里江山图》	《Qiānlǐ Jāngshān Tú》	*A Panorama of Rivers and Mountains*
屈原	Qū Yuán	Qu Yuan, a poet and statesman in the State of Chu during the Warring States Period
	R	
儒家	Rújiā	Confucian school
瑞安·阿里	Ruì'ān Ālǐ	Raian Ali
	S	
塞纳河	Sàinà Hé	Seine River
山西	Shānxī	Shanxi Province of China
丝绸之路	Sīchóu Zhī Lù	Silk Road
宋徽宗	Sòng Huīzōng	Emperor Huizong of Song Dynasty
	T	
太原	Tàiyuán	capital of Shanxi Province, China
《泰囧》	《Tàijiǒng》	*Lost in Thailand*
唐宋	Táng Sòng	Tang and Song Dynasties
桃花坞	Táohuāwù	Taohuawu
	W	
王希孟	Wáng Xīmèng	Wang Ximeng, a painter in the early Song Dynasty
维米尔	Wéimǐ'ěr	Johannes Vermeer, a Netherlandish painter

文艺复兴	Wényì Fùxīng	Renaissance
吴哥	Wúgē	Angkor
伍子胥	Wǔ Zǐxū	Wu Zixu, a military strategist and statesman in the late Spring and Autumn Period
	X	
希腊	Xīlà	Greece
夏皮罗	Xiàpíluó	Meyer Schapiro
	Y	
杨家埠	Yángjiābù	Yangjiabu
杨柳青	Yángliǔqīng	Yangliuqing
约翰·马克艾兰尼	Yuēhàn Mǎkè'àilánní	John McAlaney
	Z	
战国	Zhànguó	Warring States Period
真腊	Zhēnlà	Chenla
周朝	Zhōu Cháo	Zhou Dynasty

附录三 参考文献

第一单元 左手咖啡，右手茶

[1] 杜莉 . 中西饮食文化比较 [M]. 成都：四川科学技术出版社，2020.

[2] 雷德侯 . 万物：中国艺术中的模件化和规模化生产（第 3 版）[M]. 张总，等译 . 北京：生活 · 读书 · 新知三联书店，2019.

[3] 李世化 . 饮食文化十三讲 [M]. 北京：当代世界出版社，2018.

[4] 马新 . 中国“锅文化”与西方“盘文化”[J]. 百科知识，1994（07）：25-26.

学术场景 I：讨论区发言

[1] 丁颖 . 网络流行词“锦鲤”初探 [J]. 长治学院学报，2019（05）：98-100.

[2] 榊原英资 . 饮食小史：从餐桌看懂世界经济 [M]. 潘杰，译 . 重庆：重庆大学出版社，2021.

[3] 小鹏事话 . 古人管“勺子”叫什么你知道吗 [EB/OL].（2018-03-18）[2021-12-01]. https://www.jianshu.com/p/6aee30ab668d.

[4] 周国平 . 成长是一件孤独的事 [M]. 北京：中国青年出版社，2016.

第二单元 沉没的古船

[1] 黄平，左亚娜 .“一带一路”访问记：在华留学生的“回乡”见闻 [M]. 上海：上海交通大学出版社，2021.

[2] 秦玉才，周谷平，罗卫东 .“一带一路”一百问 [M]. 杭州：浙江大学出版社，2015.

[3] 唐利芹 . 当代汉语和英语翻译研究 [M]. 芜湖：安徽师范大学出版社，2020.

[4] 陶红亮 . 海洋传奇：沉没的珍宝 [M]. 北京：海洋出版社，2017.

[5] 肖振生 . 数说“一带一路”[M]. 北京：商务印书馆，2016.

[6] 张宝忠，俞涔，陈君 . 中华商文化 [M]. 杭州：浙江大学出版社，2018.

第三单元 丰富多样的皮影戏

[1] 里特贝尔格博物馆 . 印民国粹 皮影哇扬戏 [J]. 文明，2020（10）：64+79+12.

[2] 覃永恒 . 概括的力量 [M]. 长沙：湖南人民出版社，2019.

[3] 石云霞，祁超萍 . 中国旅游文化概论 [M]. 天津：南开大学出版社，2013.

[4] 唐睿 . 亚洲皮影艺术及其流派研究 [M]. 杭州：浙江古籍出版社，2016.

[5] 汪涛 . 中国世界文化遗产：探究与传播（英文版）[M]. 北京：经济日报出版社，2016.

[6] 乌丙安 . 非物质文化遗产保护理论与方法 [M]. 北京：文化艺术出版社，2010.
[7] 徐树建 . 世界文化与自然遗产 [M]. 济南：山东人民出版社，2012.
[8] 中国非物质文化遗产网・中国非物质文化遗产数字博物馆 . 中国皮影戏 [EB/OL].［2022-11-20］. https://www.ihchina.cn/directory_details/11905.
[9] 周耀林，王三山，倪婉 . 世界遗产与中国国家遗产 [M]. 武汉：武汉大学出版社，2010.

学术场景 II： 在线翻译

[1] 丁维莉等 . 篇章理论与英语阅读教学 [M]. 北京：世界图书出版公司，2009.
[2] 郭玥 . 英语翻译中定语从句的翻译技巧初探 [J]. 鄂州大学学报，2020（02）：35-36+53.
[3] 李建军，盛卓立 . 英汉语言对比与翻译 [M]. 武汉：武汉大学出版社，2014.
[4] 毛颢 . 汉英语篇回指对比与翻译 [J]. 学习月刊，2013（22）：31-32.
[5] 杨海英，王梦怡 . 母语负迁移与定语从句的翻译 [J]. 现代英语，2021（17）：54-56.

第四单元 人见人爱的年画

[1] 黄倩，浦欣成 . 错视画与建筑空间 [J]. 新美术，2011（02）：72-80+65.
[2] 收藏快报 . 杨柳青戴廉增年画的前世今生 [EB/OL].（2019-01-31）［2021-12-01］. http://www.rmsznet.com/video/d75611.html.
[3] 夏皮罗 . 艺术的理论与哲学：风格、艺术家和社会 [M]. 沈语冰，王玉冬，译 . 南京：江苏凤凰美术出版社，2016.
[4] 杨雪梅，任珊珊 . 描绘时代和中国 高歌梦想和奋斗 [EB/OL].（2022-02-03）［2022-04-20］. http://ent.people.com.cn/n1/2022/0203/c1012-32344891.html.
[5] 中国新闻网 . 科学家揭蒙娜丽莎微笑之谜："晕涂法"的错觉效应 [EB/OL].（2015-08-24）［2021-04-28］. https://www.chinanews.com.cn/cul/2015/08-24/7484887.shtml.
[6] 周冉 .《戴珍珠耳环的少女》 永不离家的"北方蒙娜丽莎"[J]. 国家人文历史，2014（18）：115.

第五单元 跨越"数字鸿沟"

[1] 刁云娇 . 刘亚东发表题为《批判质疑是科学精神的精髓》主题演讲 [EB/OL].（2019-01-05）［2022-11-02］. http://cn.chinadaily.com.cn/a/201901/05/WS5c302f45a310-0a343d6f21a7.html?ivk_sa=1023197a.
[2] 李颖 ."数字药片"：健康优先于隐私？ [EB/OL].（2017-11-21）［2022-11-02］. https://m.baidu.com/bh/m/detail/ar_9896426397363002167.
[3] 王俊美 . 关注社交媒体使用者的心理健康 [EB/OL].（2020-02-12）［2022-11-02］. https://

baijiahao.baidu.com/s?id=1658137731581486817&wfr=spider&for=pc.
[4] 张璁．为老年人提供更多数字服务的便利 [EB/OL].（2020-10-29）[2022-11-02]. http://health.people.com.cn/n1/2020/1029/c14739-31910233.html.
[5] 周宪．注意力的文化危机 [EB/OL].（2021-10-20）[2022-11-02]. https://baijiahao.baidu.com/s?id=1714104434268213605&wfr=spider&for=pc.

学术场景 Ⅲ：小组报告

[1] 艾萨克森．史蒂夫·乔布斯传 [M]. 余倩，胡旭辉，等译．北京：中信出版社，2011.
[2] 冯兆东．做好"国际学术会议报告"的几点技巧（tips）[EB/OL].（2015-08-03）[2021-11-10]. https://blog.sciencenet.cn/blog-1200905-910324.html.

第六单元　中国动漫的希望

[1] 方文山．天青色等烟雨 [M]. 长沙：湖南文艺出版社，2019.
[2] 高海霞，李人杰．以《英雄》为例论电影美术的色彩设计 [J]. 电影文学，2011（18）：144-145.
[3] 李超．绘画艺术在中国电影中的应用——以电影《英雄》的色彩与构图分析为例 [J]. 今传媒，2021（06）：119-121.
[4] 麦禾布拜·艾尼瓦尔．色彩情感在动画电影中的应用分析——以动画电影《哪吒之魔童降世》为例 [J]. 流行色，2021（08）：27-28.
[5] 齐敏．21 世纪我国文化大众化问题探析 [J]. 人民论坛，2010（36）：136-137.
[6] 王功山．影视作品评论与分析（第 2 版）[M]. 北京：中国传媒大学出版社，2017.
[7] 王晓真．评价教育模式勿"以偏概全"[N]. 中国社会科学报，2015-08-21（03）.
[8] 张梦薇．如何评价学术评价 [N]. 中国社会科学报，2009-07-23（01）.

第七单元　成分陷阱

[1] 蒂姆·斯佩克特．饮食真相 [M]. 张敬婕，译．北京：新星出版社，2021.
[2] 津川友介．饮食真相 [M]. 杨博荣，译．北京：中国轻工业出版社，2021.
[3] 许梦然．想瘦 [M]. 天津：天津科学技术出版社，2020.
[4] Limin Wang, Bin Zhou, Zhenping Zhao, et al. Body-mass index and obesity in urban and rural China: findings from consecutive nationally representative surveys during 2004–18 [J]. *The Lancet*, Volume 398, July 03, 2021, P53-63.

版权声明